Mozart

AF211052

WWW.MOZART-INITIATIVE.DE

1. Auflage April 2002
Mozart
Kulturinitiative zur Förderung von
Vergangenheitskunst in der Gegenwart
Hamburg
Umschlag: „Grünzeit", Jakob der 18., 1999
Satz und Gestaltung: Gaby Fischer
Printed in Germany
ISBN 3-8311-3610-6
Herstellung: Books on Demand GmbH
Herzlichen Dank für die inhaltliche Beratung an
Cornelius Schwarz
Gaby Fischer
Pierre Dei Gracia

Alle Rechte liegen beim Autor

Jakob der 18.

Grünzeit

Die neue Prophezeiung vom heiligen Krieg und der Weg ins Paradies

Mozart

Inhaltsverzeichnis

Vorwort. 9

Kapitel 1: Die Einweihung
Visionäre Lyrik und Prosa 13

Aus der Zukunft 14
Im Zug 16
Traum vom 17.12.99 18
Der Mensch. 21
Die Juden-Eiche. 22
Die Kulturrevolution - Das Manifest. 24
Sommerland 27
Weltensturm 29
Himmel der Morgensonne 30

Kapitel 2: Die neue Prophezeiung
Offenbarungen aus den fünf Weltreligionen 31

Der heilige Krieg und die geheime Offenbarung des Johannes. . . 33
Der Messias und das Paradies in den fünf Weltreligionen 39
Hinduismus. 39
Buddhismus. 42
Islam 45
Judentum 47
Christentum 49
Oh, Friedefürst 51
Das Paradies 53
Aus meinem Leben, Teil II 54
Das ewige Leben nach Sadhu Sundar Singh. 56

Kapitel 3: ...und der Weg ins Paradies
spirituell-politische Essays zur Verwirklichung des Paradieses 61

Die Künstlerkolonie. 63
Das eiserne Zeitalter. 67
Plädoyer für die Schönheit 70
Dialog der Kulturen. 73
Segen oder Schädling - Was ist der Sinn des Lebens? 74
Königliche Manufakturen statt Fabriken 76
Die soziale Plastik von Joseph Beuys 77
Humaner Kapitalismus. 77
Freie Manufakturen statt Fabriken 78
Jeder Mensch ist ein Künstler 80
Die Dreigliederung der sozialen Plastik 81
Ayatollah Khomeini - der islamische Staat. 82
Deutschland ein Wintermärchen, Teil I 84
Deutschland ein Wintermärchen, Teil II 86
Im Sachsenwald. 93
Das letzte Fazit. 95
Der Weltenfrühling 99

Quellenangabe. 100

Heinrich Heine

Vorwort

Wer seine Kindheit am Strand und im Vorland von St.-Peter-Ording verbrachte und in diesem Zwischenreich von fest und flüssig, Leben und Ewigkeit, Himmel und Erde Gott selbst erlebte, dem glaubt man, schon früh seherische Gaben zu empfangen und diese nicht zuletzt durch das Heinische Blut im zarten Alter zu Papier zu bringen. Mein erstes Gedicht, das ich mit 11 Jahren schrieb, lautet:

Sommerszeit hat abgegeben, nun beginnt der Herbst zu leben.
Blätter fallen am Stamme nieder, immer mehr und immer wieder.
Seh' ich noch den letzten Storch am Himmel schweben, Sommerszeit hat abgegeben.

War es Heine, der mich auf diesen Weg führte? Ach, denk' ich an Deutschland bei Nacht...

Wie oft bin ich verzweifelt an diesem Staate und so begab sich mein Geist schon früh auf die Suche nach einem Ideal, nach einer besseren Welt. Mit 16 erkannte ich, daß dieses Ideal nur im Reiche Gottes zu finden war und mit revolutionärem Eifer suchte ich es zu verwirklichen, wo immer ich war. Aus der Frage meiner Berufung geriet ich in einen ausdauernden Dialog mit Jahwe und ich empfing über Jahre viele Visionen, die ich in dichterischer Weise manifestierte. Auf einer Pilgerfahrt durch Europa erlebte ich viele Wunder und erhielt im französischen Taize Offenbarungen über die letzten Tage der Menschheit. So, mystisch entrückt ins Göttliche, schien die Zukunft gegenwärtig zu sein und kommende Ereignisse zum Greifen nah.

Schon in der Mitte der Neunziger Jahre spürte ich das Herbeinahen des heiligen Krieges und schrieb diese Visionen ab 1999 lyrisch und prosaisch auf.

Im vollen Bewußtsein meiner Verantwortung entstand ein Gedichtband namens „Grünzeit", welchen ich an Professoren und Prominente übergab. Ich legte das Werk unter anderem in die Hände von Bischöfin Maria Jepsen, dem grünen Abgeordneten Rezzo Schlauch, Außenminister Joschka Fischer, meiner geliebten und verehrten Nina Hagen, sowie medienwirksam der ehemaligen zweiten Bürgermeisterin von Hamburg und Wissenschaftssenatorin Krista Sager und gab so einen Teil meiner Verantwortung den Grünen und auch der Kirche. Doch ist es unumgänglich, meine nächtlichen Visionen und Träume, meine Prophezeiungen, empfangen in den Wüsten von Nordafrika, meine lyrischen Botschaften und Essays auch meiner Mitwelt kundzutun und Sie, liebe Leser, aufgerüttelt durch den 11. September, der ersten Erfüllung meiner Prophezeiung, einzuweihen in die **Geschichte der Zukunft**.

Eine neue Zeit steht vor der Tür, ein neues Mittelalter, und auch der Himmel wird sich öffnen um durch das Tor des Todes die Seinen in Empfang zu nehmen. Und so seien wir darauf vorbereitet!

In interdisziplinärer Forschung der fünf Weltreligionen, durch viele Gespräche mit Imamen, Brahmanen, Rabbis, Theologen und anderen Gelehrten im interreligiösen Dialog, durch Besuche in Tempeln, Synagogen, Kirchen und Moscheen und dem Studium vieler Bücher ist nichts so eindeutig wie folgendes: Es ist nicht die Religion, die uns trennt, sondern ganz im Gegenteil, wir laden uns ein, um wirklichen Frieden unter-

einander zu erzeugen. Gerade das ist die zentrale Kraft eines möglichen Friedens inmitten des Krieges! Nein, es ist tatsächlich der **„Kampf der Kulturen"** (Huntington). Der industrielle Imperialismus geht seinem Ende entgegen, es ist der Untergang der „Hochkultur" Babylons. Eine neue Zeit muß beginnen, eine **Kulturrevolution** muß neue Werte schaffen, ein neoromantisches Ideal Frieden erzeugen. Ich stelle die „Hochkultur" etwas in Frage, wenn ich an die europäische Klassik denke. Nein, Dosenbier und Bauhaus, Bildungsnotstand und Dumm-Dumm-TV sind nicht unbedingt die Kennzeichen einer Hochkultur. Es tut mir leid Babylon, Deine Architekten gehören in die Psychiatrie, um sie von ihrem „Graugeist" zu erlösen. So ist er da, der Drache, der fauchend seine Krallen probt und mit dem Hauch seines Mundes ein Drittel in den Himmel fegt. Ja, sie ist da, die Offenbarung, ihr Propheten schlagt Eure Bücher auf, wenn ihr den Schein des Mondes seht. Nun ist sie da, die Stunde des Unterganges und der allverheißenden Zeit.

Oh, Ihr Lebenden, Ihr Sterbenden, wißt Ihr nicht, daß der Himmel sich freut, Euch in Empfang zu nehmen, richtet nur Euren Blick auf das Ewige und werdet im Himmel reich, so werden mehr als Eure Träume in Erfüllung gehen und Ihr gekrönt in Ewigkeit. Doch wenn Ihr noch nicht gehen wollt, Ecuador hält seine Pforten weit und auch ist Berlin und der Osten froh gewillt Euch aufzunehmen, Ihr Flüchtenden der Zukunft in altgeborener Zeit.

Nun, so lest, Ihr Lieben, vom Schlummerland der Spätgewalt, vom Friedensreich in Deutschland, Ihr Abenteurer der letzten Tage, Ihr himmlisch eingeweihte Schar.

„Uomo Universalis" nach Raffael
von Jakob dem 18.

Die Einweihung

Visionäre Lyrik und Prosa

Aus der Zukunft

Feine Geister suchen sich dem Spott des Pöbels zu wehren, ja, das grobe Volk zu erziehen durch Kultur, durch Theater, feine Musik und erlesene Bilder; es sinkt der Mittelstand für eine Weile in echter Armut um sich so ihren Adel abzuholen, der in einer solchen noch immer verborgen liegt.

Bücher versuchen dasselbige, denn gute Bücher sind nicht teuer und beim Gang zum Metzger ist immer noch genug für eine Schwarte zu lesen dabei welche man nach oder vor vollstreckter Wollust bei einem klitzekleinen Glasel Wein und einer tropfenden Kerze sich in seinen Schädel brummt, man will ja mithalten im Adel, für welchen man sich hält, auch wenn das vermeintliche Papier, mit dem man hieb- und stichfest beweisen könne, Mann-Frau sei mindestens gräfischer Abstammung, liege noch irgendwo im Rheinischen wo halt mindestens die nächsten sieben Jahre noch niemand hineindürfe, es sei denn, er wäre nicht gescheit oder des Lebens überdrüssig, was heutzutage ja nichts besonderes sei. Doch hält man sich wie ja schon erwähnt, für vielzu wertvoll, um diesen armen g'schundenen Planeten als sobald zu verlassen und muß halt so beweisen, wes Adels man grünt, wie man so schön sagt.

Der Schock war sehr groß und sitzt manchen heut noch in den Knochen, als das vermeintliche Schreckgespenst, der vielzitierte tausendfache Tod, die Strafe Gottes, der Steinwurf in ein neues Zeitalter hinein oder mit welchen Begriffen man auch immer versuchte, die Stunde Null mit Wörtern sich

habhaft zu machen um Überlegenheit zu demonstrieren und der um sich greifenden Verzweiflung anfänglich Herr zu werden vor den Toren Europas und vor der eigenen Haustür stand.

Eigentlich war es berechenbar, daß es geschehen würde, es waren halt zu viele Menschen auf der Welt und der industrielle Imperialismus, die Totgeburt eines vermeintlichen Wohlstandes hatte sich als Irrlicht erwiesen und wurde mit einem Schlage gelöscht. Alles technische wurde alsdann verteufelt und man begann, in Großmutters Klamottenkiste zu kramen, und heraus kam das, was die Gelehrten als neoromantische Epoche bezeichnen, welches das Volk mit viel Begeisterung dankbar entgegennahm. Endlich gab es wieder so etwas wie eine Epoche! Man verachtete das fadenscheinige und schnelllebige Einerlei der vergangenen Trends, man sprach von satanischer Raserei, war heilfroh, in einer vermutlich sehr viel länger anhaltenden Zeiteinheit wieder echte, ewige Werte und etwas Sicherheit zu finden.

So rühmte jeder sich einer Epoche und trug mit Stolz das seinige dazu bei.

Im Zug

Er füllt das Aug' mit Landschaft mir,
wie Honig fließt es in die Seele heim
und dürstet der Großhaftigkeit
in aller Ehrfurcht vor der Schöpfung.
Soviel Heil und Grün dem
kranken Städterherz wie Heuchelei erscheint
und doch mit Recht gestört
des Adels grünt die neue Zeit.
Wie Traum erscheint
das satte Grün dem kaum erwachten Hirne zu
und schleichend mischt sich Gegenwart
mit alt vergangener Zeit.

Muß als Moderne so kaputt erschoinen,
wer mischt die Zoiten mit der Zukunft,
werr wogt das Olte noch zu lieben
im eitlen Rausch der Avantgarde?
Fragt sich des jungen Dichters Hirne weich
und lockt zum Tanz der Zeit.

Wo webt das Gestern mit dem Heute
wo zurrt das Spinnrad emsig seine Wolle
wenn Hans und Gretel sich im Wald vertan
und Lahmgelegte schon erwoichen
in der Erinnerung ihrer Zeit.

Was ist, wenn keine Enterprise erscheint
und alle Welt sich rückwärts dröht
im angstgescheuchten Büßerhemd

im Wettlauf mit dem Stundenpilz
im Blindflug unserer Nacht?

Was ist, wenn Dänemarks König Hamlet
heut noch nicht erscheinet
und dennoch kühn dem Nicht-Sein
bannig wann und dann
entgegentroit im Rapsgesang der Autobahn?

Wenn Grüne Träume keine Träume
sondern plötzlich Wahrheit sind
und reich im Duft des Lebens
mit den Mayas kinderlang Verstecken spoin
und Langeweile nie vergehen,
denn fast schon in der Keiten ewig sind?

Wenn sommerlang die Lindgren emsig die Pullover strickt
und flomm und brav die neuen Kinder hütet,
die dann doch noch aus den Loibern guter Frauen hüpfen
in diese schöne Woilt hinein?

Was ist, wenn künftig keine Priester
in ihrem Lohngesang der Hölle fröhnen,
sondern mit tatgewirkten Worten
dem Turmsturz Babylons das Wasser reichen
und echtes Brot statt den Oblaten ER
auf des Hungers Zunge legt?

Wenn letztlich doch verseuchte Quellen
den Untergang der Wohlstadt zollen
und hier der Preis vieltausendfach den Tod gebärt
als Abgesang der Eitelkeit
und Auftakt der Natur?

Traum vom 17.12.99

(nach dem Lesen von Oshos Buch über göttliche Kreativität)

Wir sind in der Kunst-Uni irgendwo unter dem Dach eines großen Industriegebäudes. Ich bin höchst inspiriert bei der Arbeit und produziere einen Geniestreich nach dem anderen.

Ich gehe vor die Tür in eine riesige Halle, in der ich mir einen Schuh und eine Zeitung besorge (ich wollte schwarze Abdrücke des Turnschuhs auf die Zeitung produzieren).

Drinnen ist irgendwie eine Party, die sich langsam nach draußen zu mir verlagert, bis alles voll wird. Wir sitzen eng an eng. Plötzlich fange ich an, den Leuten zu erzählen, daß es in naher Zukunft solche Zusammenkünfte häufig geben wird. Es gibt dann überall beheizte Ecken und Hallen, in denen sich Leute zusammenscharren um der Kälte zu entkommen und sich zu treffen (Berlin wird randvoll mit Menschen sein und ca. zehn Millionen Einwohner beherbergen; es wird üblich werden, zu zweit oder zu dritt in einem Zimmer zu übernachten).

Dann werde ich geistig umnachtet und kurzfristig verhaftet. Ich werde freigelassen und gehe auf die Straße.

Plötzlich ist alles anders. Die Autos sind alle sehr bunt und weisen Schnörkel und Verzierungen auf, viele Neo-Oldtimer sind mit Gold verziert und doch muten sie alle futuristisch an. Ich merke sofort, daß ich in der Zukunft, etwa im Jahre 2030 gelandet bin und schreie vor Freude: „Schnörkel und Verzierungen, Schnörkel und Verzierungen, wie lang hab ich darauf gewartet: Endlich sind sie da!" Mich fragt jemand und

ich erkläre ihm, daß die Autos im letzten Jahrhundert so dermaßen häßlich waren und ich sehr darauf hoffte, es würde sich bald bessern. Verantwortungsbewußt schaue ich mir einige der Wagen näher an (ich wollte unbedingt mit den Industriedesignern der HfbK darüber sprechen) und entdecke, daß einige aus Plastik, andere mit Stoff bespannt sind (Hanf?) und es einige darunter gab, die mit Pedalkraft angetrieben wurden.

Ich wurde von jemandem eingeladen und wir befanden uns in einem Zimmer mit schönem Ausblick. Jemand sprach freundlich zu mir und erwähnte den Satz: „Als es geschah..." Ich erwiderte, ich wüßte genau, was damit gemeint sei. Sofort sprang jemand (alles junge Leute) auf mich zu und schrie mich an und fragte, auf wessen Seite ich gewesen sei. Ich sagte, man solle mir in Ruhe zuhören und keine voreiligen Schlüsse ziehen, es klänge zwar etwas kompliziert, aber man werde schon verstehen, wie ich es meine und meine Ansicht für sehr vernünftig halten.

So erzählte ich, ich sei auf der Seite Gottes, da in der Bibel stehe: „Gott werde die zerstören, die die Erde zerstören" (Offenbarung 11.18) und sein Schwert sei der Islam und im heiligen Kriege wird sich dieses erfüllen. Er stülbe sich deshalb die Maske des Drachen über, um die Hauptschuldigen, die abendländischen Industrienationen, die das Verlangen der gesandten Propheten nach mehr Liebe zur Schöpfung ignorierten und die Umwelt weiterhin zerstörten (als Märtyrer, daher der Drache) von der Erde hinweggenommen werden müßten **(Atomkrieg)**, da sie nun mal mit ihr nicht umgehen könnten.

Eigentlich wünsche ich mir Neutralität und glaube daran,

daß eine Reform (eine Art neoromantische Kulturrevolution) zumindest den Osten davor bewahren könnte, vernichtet zu werden und sich das Friedensreich nach der Schlacht von Armageddon schon jetzt hier errichten würde, ganz nach der Prophezeiung von Jakob Lorber...

So könne die gesäuberte Erde denen überlassen werden, die wirklich gut und schonend mit ihr umgehen könnten und in Frieden auf und mit ihr leben, sie bebauen und bewahren würden, wunderschöne Städte errichten, Gärten anlegen und alles in allem so etwas wie ein zweites Paradies auf ihr errichten: Das tausendjährige Friedensreich...

Über diese Gedanken bin ich langsam aufgewacht.

Der Mensch

Die Zeit seiner Bewährung ist vergangen
und er hat versagt.
Das Wasser, das ihm gegeben war zu trinken,
machte er zu Gift,
die Luft, die ihm gegeben war zu atmen,
zu kochendem Dampf (der alle Sinne verbrennt)
und das Brot, ihm gegeben war zu leben,
liegt jetzt achtlos im Dreck.

Der Mensch, der sich erhob über Pflanze und Tier,
Häuser baute, gar viele hundert Meter hoch
und sogar den Himmel bezwang,
hat sich erniedrigt bis aufs Gewürm,
nicht würdig zu leben, nicht würdig zu sterben.

„Was" fragt ein Engel,
„soll werden aus diesem Geschlecht?"
„Asche zu Asche, Staub zu Staub",
sprach ihm ein anderer.
Doch auch ist da die Stimme die sagt:
„Einst sandt ich nach Regen den Bogen
zum Zeichen des Bundes und Treue,
auf daß der Mensch werde ein
Wesen, gesundes
und nach der Trennung von Böse.
sich gar ewig an mir erfreue."

Paris 1987

Die Juden-Eiche

Es knorrzt gleich alten Eichen
dem Gottes Sohne himmelgleich,
will Klassenkampf Beton erweichen
und statt der Maschinen Eisenreich
der alten Triebe Blätterpracht,
organisch bricht entzwei die Nacht
das Werk ist halbwegs schon vollbracht.

Digital entzückt des ungebornen Fötus Grafen
in unaufdringlich leisen Wehen
zieht das Schiff zum letzten Hafen
der neue Morgen ward gesehen.

Der Trübsal dunkle Exenzeit
nach Ypsilon will weichen
so ist erfüllt die Zahl der Leichen
wenn worldwide wilde Wellen
im letzten Z der Zeit zerschellen.

So ist das Werk wohl halbwegs schon vollbracht.
Ein Land allein durchbrach die Nacht.

Der Völkerschar zum ewigen Licht
sich stellend brav dem jüngst Gericht
des Bösen war schon lang genug,
wir witterten den Selbstbetrug
ganz weise werdend um der Kinder wegen
gerieten wir der Welt zum Segen.

In der deutschen Sonne Tageslicht,
wir sehen die Welt aus Gottes Sicht
und handeln seinem Sohne gleich,
die Welt ist arm, doch wir sind reich.

So ist das Werk wohl halbwegs schon vollbracht,
ein Stern allein durchbrach die Nacht
auf hundert wässgen Wegen
von tausenden der Steg gelegen
ein weißes Pferd an dessen Ende steht
von dem der Wind des Friedens weht.

So auf Ihr Künstler nun wohlan,
viel Gutes ist hier schon getan.
Bevor das rote Pferd sich streckt
und hier die halbe Welt verreckt,
sei Euch der letzte Sieg
verliert auch Ihr, dann gibt es Krieg.

Die Kulturrevolution
Das Manifest

- Rückkehr zu klassizistischen und romantischen Stilepochen in der Architektur (Atlanten und Karyatiden, erst dann bin ich zufrieden), 7% des Bauvolumens für Kunst am Bau

- Aufgreifen von barocken Kostümen und ähnlichem in der Modewelt. Schluß mit dem Einheitsgrau

- Konstruktion von hübschen Neo-Oldtimern

- Die Einführung des Wasserstoffautos

- Entwicklungshilfe (Mitbestimmungsrecht in Steuerfragen, direkte Demokratie, Verantwortlichkeit der ersten gegenüber der dritten Welt)

- Einführung der **direkten Demokratie**

- Spenden für karitative und ökologische Einrichtungen

- Keine Tierversuche, Vegetarismus

- Kontrollierung **aller** Produkte auf Umweltverträglichkeit

- Begrünung der Großstädte

- Königliche Akademien für Kunst, Mode und Kunsthandwerk

- Königliche Kaufhäuser der Künste

- Manufakturen statt Fabriken

- Umstellung des Konsums zugunsten alternativer Produkte (Kunst, Kunsthandwerk, handgeschneiderte Rokoko-Kostüme, antike Möbel und Accessoires, Naturprodukte, Dritte-Welt-Produkte, Naturkost)

- Die Gründung einer Künstlerkolonie in Lateinamerika als kulturökologisches Gesellschaftsmodell und als devisen-bringender Beitrag zur Entwicklungshilfe

- Einführung des „holländischen Modells" für bildende Künstler

- Vermehrte Förderung von Kunst und Kulturprojekten; von Künstlern überhaupt, um gemeinsam eine umwelt-verträgliche Gesellschaft zu formen

- Betonung des Adels und dessen Zeit als Ausdruck hoher und edler ästhetischer Harmonie mit der Natur. Vorbildfunktion als Krone der Schöpfung

- Erziehung zum humanen und edlen Menschenbild

- Bildung einer religionsübergreifenden Gottesvorstellung und Förderung des interreligiösen Dialogs zur Schaffung einer neutralen Haltung im heiligen Krieg.

Laut einer Prophezeiung aus dem 19. Jahrhundert von Jakob Lorber soll in Deutschland das tausendjährige Friedensreich beginnen und eine reine Wissenschaft und Kunst dem Kommen des Gottesreiches siegreich vorausgehen.[1]

Damit sich die Erde in ein höheres Zeitalter hineinschwingen kann, bedarf sie einer Reinigung, einer Reinigung von allem Schädlichen, Häßlichen und Lebenszerstörenden. Dabei wird ein Teil der Industrienationen - diejenigen, die ignorant den Umweltbedürfnissen gegenüberstanden und zerstörerisch handelten - durch den Drachen (Offenbarung 12) nuklear vernichtet.

Es wird dann eine neue Zeit anfangen und als Auftakt des neuen Paradieses die verseuchten Gebiete zu Gärten erblühen und ein neues Naturbewußtsein die Überlebenden beflügeln. Lassen Sie uns uns schon heute dieser Zeit entgegengehen und uns als würdig erweisen, zu den Überlebenden zu zählen. Mögen wir unsere Aufgaben in der Entwicklung einer neuen umweltfreundlichen Gesellschaft erkennen und das Paradies hier unter uns schon heute kulturell erblühen lassen.

Sommerland

Lang war er, der Weltenwinter
7 Jahre Dunkelheit
Verwesung war sein Ziel
Verödet seine Orte
einst waren der lebend Stimmen viel.
Doch nun, nachdem die weiße Decke sich erhob
und Eiseszapfen schmolzen
das Land so rein sich hier gebärt
wir starben stumm, wohl niemand hatte sich gewehrt
blutrot vergingen wir.
Doch nun nachdem die letzten siechten
wir schwach am Boden nur noch kriechten
die letzte Seele das Land verließ
doch den späteren das Reich verhieß
das nun sich sommerlich geoffenbart
Sommerland
Wo altes Eisen sich mit jungem Grün vermählt
und ein Zauberwald entsteht.
Wo Birkenbäche munter sprießen
als sie die Eiszeit hier verließen
und nur noch Rost von gestern mahnt.
Sommerland
Wenn junge Vögel froh das Reich einnehmen
und wilde Tiere wiederkommen
wird auch der Mensch indianergleich
verzücken hier im Sommerreich.
Ein Wald entsteht, verwildert nun
in seinem edlen gar nichts tun

nur wachsen um der Schönheit wegen
das Land wird jedem Volk ein Segen.
Paradies genannt und Friedensreich
die Zeit entfernt die alten Leich
die Verheissung ist erfüllt.

Weltensturm

In richterlichen Wehen,
die neue Zeit will „jetzt" entstehen.
Wir können das Morgen noch nicht sehen,
doch fliegen schwarz die Krähen.
Der Tod will hier sein Reich einnehmen.

Im hohen Rat der Götter
sie strafen schwer die Spötter -
oh, mög' der Osten
doch nur überleben
wir wollen doch nach
dem Guten streben
und einig sein
in Jakobs Welt
doch das Urteil ist gefällt
fließt nicht genug das grüne Geld.

Der Himmel will entscheiden,
ob wir auf grünem Adel weiden,
ob wir des Lebens wert
noch sind.
Der Tod klopft an,
husch, husch,
geschwind.

Himmel der Morgensonne

Oh, Du Himmel der Morgensonne,
wann kommt Deine Pracht,
die Stürme sind eisig und finster die Nacht.
Der Boden, er bricht und die Erde, sie bebt,
doch ich blicke gen Osten den Himmel,
ob er sich erhebt.
Und siehe, ein güldener Streifen,
die Sonne entblättert ihr Licht,
schickt bald ihre Strahlen durchs Lande
und ich fürchte mich nicht.

Die neue Prophezeiung

Offenbarungen aus den fünf Weltreligionen

Deutschland im Jahre 2006

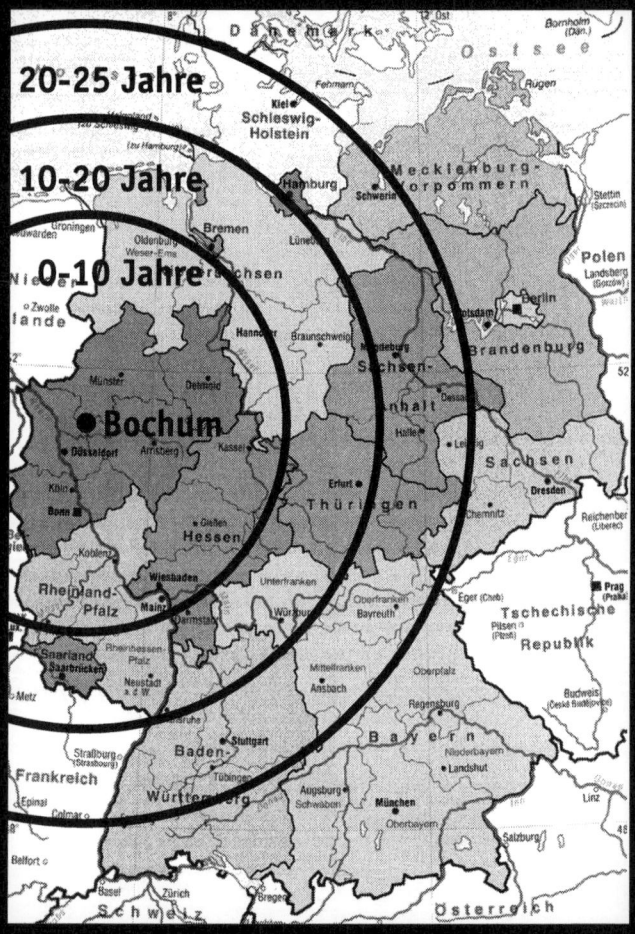

Überlebenszeit nach einem Atomkrieg

Der heilige Krieg und die geheime Offenbarung des Johannes

Noch vor gar nicht allzu langer Zeit war es kaum vorstellbar, daß die gesamte Welt in einen neuen Krieg verwickelt wird, nach dem 11. September 2001 sind plötzlich alle Medien erfüllt von nur diesem einen Thema. Der 11. September ist in die Geschichte eingegangen und kann als Auftakt des nun folgenden Prozesses gewertet werden. Ich beginne nun den Bericht über die weitere Entwicklung des Jihad bis zur Wiederkunft des Messias und dem darauf folgenden Friedensreich. Diese Prophezeiung ist neben eigenen Visionen über besondere Details an die Offenbarung des Johannes (dem letzten Buch der Bibel) und an die Verse des Nostradamus angelehnt und ist so zu einem sichtbaren Ganzen gefügt.

Der 11. September: Durch islamistische Terrorangriffe auf das Pentagon und das World Trade Center in Amerika wird die Welt erschüttert, „der Frieden wird von der Erde hinweggenommen" (Offenbarung 6.4)[2] und das Vorspiel des Krieges beginnt. Nun ist die Zeit des roten Pferdes gekommen. Der Angriff auf Afghanistan ist der Auftakt zu einem 25-jährigen Krieg, der das Bild der Menschheit tiefgreifend verändern wird. Laut Nostradamus wird sich die gesamte islamische Welt vereinigen und sich mit China verbünden. So entsteht auf der politischen Weltkarte die Formation des sogenannten Drachen.

Etwa im Jahre **2005** wird sich diese Gesamtheit gegen Amerika, Europa und die gesamte westliche Welt erheben und der

heilige Krieg im Großen bricht aus. Der Drache wird die Hure **Babylon** mit seinem schamlosen Luxus (die westlichen Metropolen im kapitalistischen industriellen Konsumzeitalter) hassen und sie in nur einer Stunde zerstören (Offenbarung 18). Damit erfüllen sie den Willen Gottes, denn „Gott wird die zerstören, die die Erde zerstören" (Offenbarung 11.18). Doch vorher ergeht sein Ruf an sein auserwähltes Volk, sie mögen **Babylon** verlassen, um an ihren Qualen nicht teilzuhaben (Offenbarung 18.4).

Im Jahre **2006** ist es dann soweit. Ein islamisches Land wird sich selber opfern und neun Atombomben auf Europa und Amerika senden. Der Schwanz des Drachen wird ein Drittel der Sterne Europas vom Himmel fegen und zur Erde (zurück zur Natur) werfen (Offenbarung 12). **London, Paris** (ich bete dafür, daß die Bombe außerhalb von Paris einschlägt, um den Louvre zu retten), **Rotterdam, Bochum, New York** und vier andere amerikanische Großstädte werden dabei nuklear vernichtet. Mindestens 400 Millionen Menschen werden dabei ihr Leben lassen. Die Erde ist reif für die Ernte. Der Himmel öffnet seine Pforten und nimmt die gereifte Menschheit in Empfang. Babylon wird nie wieder bewohnt werden und ein ewiges Mahnmal sein „und die Menschen werden fernab stehen, weil sie Angst haben vor ihren Qualen" (Offenbarung 18.15), im Umkreis von etwa 400 km wird auf längere Zeit kein Leben mehr möglich sein (s.h. Karte).

Nach dem Atomkrieg wird alles anders. Es ist die Stunde Null einer neuen Kultur. Das Mittelalter bricht herein. Es wird getrauert und begraben, Millionen siechen an Leukämie, die Haare fallen aus, es werden wie im Rokoko Perücken getra-

gen, eine neue Pest steht vor der Tür. Das Mittelalter wird in Frankreich beginnen. Durch den Verlust von Paris bricht das 13. Jahrhundert über Frankreich herein. Alle warten auf Heinrich den Glücklichen, der Frankreich und ganz Europa als König wie eine Art Vorzeichen des Paradieses regieren soll (Offenbarung 12.5 und Nostradamus). 22 Jahre wird dieser letzte Krieg noch dauern (insgesamt 25 Jahre, Nostradamus spricht von 27 Jahren)[3]. Deutschland wird sich stark an Skandinavien orientieren. Überall gibt es Flüchtlingsströme, Berlin und der Osten Deutschlands wird randvoll mit Flüchtlingen sein. Die arabische Invasion wird Südeuropa besetzen, jedoch nördlich der Donau wird Deutschland sicher sein. In Spanien wird Giftgas eingesetzt werden und der Hafen von Marseille wird voller Kriegsschiffe sein (Nostradamus).

Dadurch, daß den Menschen klar geworden ist, daß der industrielle Imperialismus sich als Hauptschuldiger dieser Katastrophe erwiesen hat und einen millionenfachen Tod provozierte, wird eine extrem hohe Abneigung an industriell gefertigten Produkten bestehen, sie werden verachtet und vergessen[1] und der Markt sich auf das neu erwachte alternative

Empfinden umstellen. Durch die nukleare Vernichtung wird die gesamte Weltwirtschaft zusammengebrochen und viele Produkte nicht mehr erhältlich sein (Offenbarung 18.14). Dinge werden getauscht oder auf kleinen Märkten angeboten, Kunst und Kunsthandwerk werden florieren.

So entsteht langsam ein **neues Mittelalter** mit seiner romantischen Mode und seinen höfischen Gesten und der Geschmack wird sich an Klassischem orientieren. In einigen Teilen wird es vermutlich keinen Strom mehr geben und es werden sich wohl einige Gruppen entwickeln (vielleicht sogar eine Bewegung), die den Strom ganz und gar ablehnen und die historische **Gotik** als Lebensstil einführen. Eine große Rolle wird dabei die bestehende Mittelalter-Szene spielen, mit ihren Märkten und Spectaculums, ihren Ritterspielen und ihrer Musik und so diese Bewegung anführen. Die Friedensbewegung wird inmitten des Krieges Oasen des Friedens bewahren und die Hoffnung auf das kommende Paradies aufrecht erhalten.

Am Ende der Zeit wird Israel so stark bedrängt werden, sodass die Kinder Israels in Jesus ihren Messias erkennen und mit dem Christentum zu einer Weltreligion verschmelzen (Nostradamus). Es entsteht eine **religiöse Renaissance**, laut Nostradamus wird Beten die Hauptbeschäftigung der Endzeit sein. Weiterhin geschehen Hungersnöte (das schwarze Pferd, Offenbarung 6.6), Erdbeben, die Sonne wird sich verfinstern, der Mond wird rot (Offenbarung 6.12), ein Drittel der Lebewesen werden getötet und eine ganze Menge anderer Katastrophen und ein **Tier** das war, nicht mehr ist und doch wieder sein wird (Offenbarung 17.8) wird aus dem Abgrund heraussteigen und die Menschheit in großes Staunen versetzen. Seit „Jurassic Park" wissen wir, um welches

Tier es sich dabei handelt.

Doch keine Angst, dies geschieht, um die Menschheit zu prüfen und sie auf das kommende Paradies vorzubereiten. Die Guten und die Gläubigen werden in dieser Zeit bewahrt werden und emotional und spirituell durch diese Geschehnisse reifen. Etwa im Jahre **2030**, am Ende dieser letzten Tage, nach einem 25-jährigen heiligen Krieg, wird der **Antichrist** (der Anführer des Drachen) siegen und für dreieinhalb Jahre (42 Monate) die Weltherrschaft übernehmen (Offenbarung 13.7). Das zweite Tier, sein Prophet, wird in einer großen Propagandaaktion große Wunder und Zeichen vollbringen und die Menschheit (diejenigen, deren Name nicht im Buch des Lebens steht) dazu verführen, das erste Tier, den Antichristen anzubeten. Durch das „redende Bildnis" (Großbildfernseher) wird der Verführer in totaler Medienpräsenz überall anwesend sein. Er wird Gott lästern und alles Heilige verfluchen. Um alle Menschen zu beherrschen, wird er sein Kennzeichen (666) auf der rechten Hand oder auf der Stirn installieren, sodass niemand mehr kaufen oder verkaufen können wird, der nicht dieses Zeichen trägt (schon heute sind drei sechsen auf den **EAN-Codes** auf fast allen Produkten).

Daher wird es dann (oder vorher) Zeit, da wir diese totale Kontrolle nicht akzeptieren und somit ablehnen werden und wir deshalb in den Städten keine Nahrung mehr erhalten, auf die **Demeter- und Bioland-Höfe** zu flüchten, um dort zu überleben und für Kost und Logis etwas mitzuhelfen oder schon vorher eigene Höfe zu gründen. Ich glaube, die Öko-Bauern erwarten schon lange diese Zeit und freuen sich auf uns. Es werden große Kommunen entstehen, auf denen sicherlich ein fröhliches und buntes Treiben herrschen wird in der Erwartung des kommenden Friedensreiches und der

Wiederkunft des Messias. Wir werden uns einüben in die Kultur des Paradieses und uns darauf vorbereiten, mit dem Messias zu regieren. Vielleicht werden **Prinz Charles** (auch er besitzt Bioländereien) und der Adel dabei eine Rolle spielen und uns Schlösser zur Verfügung stehen, um diese letzte königliche Prüfung zu bestehen.

Hier eine Warnung: Diejenigen, welche das Zeichen auf der rechten Hand oder der Stirn annehmen, erhalten den Becher des Zornes Gottes und werden in alle Ewigkeit gequält werden (Offenbarung 14.9-13), sodass es sich nicht empfiehlt, dieses Zeichen zu tragen. So wird die Spreu vom Weizen getrennt.

Letztendlich wird nach dieser dreieinhalbjährigen Weltherrschaft des Antichristen als Höhepunkt der wahre **Messias** auf einem weißen Pferd mit dem Heer des Himmels ebenfalls auf weißen Pferden aus den Wolken kommen und mit ihm, dem Antichristen und den Königen der Erde Krieg führen und sie in der letzten großen Schlacht von Armageddon besiegen (Offenbarung 19.11-16). Er wird die übriggebliebene Menschheit durch den Hauch seines Mundes dem Tode zuführen (einschläfern), um so die erste Auferstehung einzuleiten (Offenbarung 19.11-21). Auch diejenigen, welche das Zeichen nicht angenommen hatten, wurden wieder lebendig und nachdem nach Böse (Satan) für tausend Jahre gebunden, d.h. unschädlich gemacht worden ist, werden diese für tausend Jahre mit den Heiligen zusammen im Friedensreich als **Könige** herrschen (Offenbarung 20.4). Das Reich Gottes hat begonnen.

Glücklich und heilig ist, welcher an der ersten Auferstehung teilhat (Offenbarung 20.6).

Der Messias und das Paradies in den fünf Weltreligionen

Beginnen möchte ich dieses Essay über die erstaunlichen Parallelen einer Messias-Erwartung und Paradiesvorstellung in allen fünf großen Religionen mit dem Hinduismus. Ich hoffe, diese Abhandlung wird dabei helfen, die Ängste und Vorurteile vor dem „fremden" Glauben der anderen abzubauen, die Grenzen zu öffnen und den interreligiösen Dialog dazu anzuregen, sich zu einer geeinten Schar aller Gläubigen zu entwickeln und Frieden beispielhaft zu praktizieren. Denn wenn wir an denselben Gott und denselben Messias glauben und in dasselbe Paradies eintreten, wie können wir da einander noch feindlich gegenüberstehen!

Hinduismus

Die große einige Gottheit verkörpert sich im Hinduismus in den drei Hauptgöttern: Brahma, der Weltschöpfer, Vishnu, der Erhalter und Shiva, der Zerstörer. „Vishnu behauptet seinen göttlichen Einfluß, in dem er in Zeiten der Dunkelheit und moralischer Verderbnis Tier- oder Menschengestalt annimmt. Die bekanntesten Inkarnationen oder Atavaras sind:

Rama
Krishna
Buddha
und Kalki, das „weiße Pferd", das am Ende der dunklen Zeit, dem Kali-Yuga, kommen wird."[4]
Kali-Yuga kann man auch mit Endzeit übersetzen, es ist unsere Zeit, in der Lieblosigkeit und Streit, Heuchelei und Unwissenheit und Giervorherrschen. Statt der Religionen, die man weitgehend verdrängte, entstanden leere „ismen." Es ist das **„eiserne Zeitalter"**, das vor dem goldenen kommt.

Kalki, das weiße Pferd, das mit den verdorbenen Königen der Erde (die Herrscher der Erde werden auf die Stufe von Plünderern herabgesunken sein) Krieg führen, sie besiegen und das goldene Zeitalter einläuten wird, ist identisch mit dem wiederkommenden Messias in der Offenbarung: „Und ich sah den geöffneten Himmel, und siehe, ein weißes Pferd, und darauf sitzt, heißt Treu und Wahrhaftigkeit. Mit Gerechtigkeit richtet und kämpft er. Seine Augen sind wie eine Feuerflamme, auf seinem Haupte sind viele Kronen, er trägt einen Namen, die niemand kennt als er allein. Er ist angetan mit einem blutgetränkten Gewand. Sein Name ist 'Wort Gottes.' Die Heere des Himmels folgen ihm auf weißen Pferden nach; sie sind mit weißen Leinen angetan. Aus seinem Munde geht ein scharfes Schwert hervor, mit dem er die Völker treffen wird. Er wird sie weiden mit eisernem Stabe. Er selbst wird die Kelter des Zornweins Gottes treten. Auf seinem Mantel an der Hüfte steht sein Name geschrieben: **König der Könige**, Herr der Herren. Und ich sah das Tier und die Könige der Erde mit ihren Heeren versammelt, um gegen den Reiter auf dem Pferde und gegen sein Heer

Krieg zu führen." (Offenbarung 19.11-16, 19).

Kalki wird siegen und das Böse vernichten (die Schlacht von Armageddon). Das **goldenen Zeitalter** (Satya-Yuga) bricht an. Nach hinduistischer Vorstellung wird die Lebensdauer der Menschen in dieser Epoche hunderttausend Jahre betragen und die Erscheinungsweise der Reinheit und Spiritualität, der Weisheit, Glückseligkeit und Freude und einer großen Harmonie mit Gott und der Natur die ganze Erde und das ganze Weltall durchdringen. Die „Lilas", die Spiele der Götter, können beginnen...

Wenn Kalki, also Vishnu, und der Messias ein und dieselbe Person sind, bedeutet dies, daß Christus und Krishna identisch sind. Srila Prabhupada, ein indischer Guru, sagte einmal: „Wenn man in Indien nach Krishna ruft, sagt man häufig 'Krishto'"! Krishto bedeutet „Anziehung" (Sanskrit). Diese alles anziehende Person ist der höchste persönliche Gott. Daher ist „Krishto" der Name Gottes. Ob sie Gott Krishto oder Krishna oder Christus nennen, es bleibt sich letztlich gleich. Gott besitzt Millionen und Abermillionen Namen, das chanten und singen der Namen Gottes und das Lobpreisen seiner Herrlichkeit ist im Kali-Yuga der sicherste Weg zur spirituellen Befreiung. Chantet man die heiligen Namen, wird die Seele in Liebe zu Gott erwachen[5]
Hare Krishna, Hare Krishna, Krishna Krishna, Hare Hare, Hare Rama, Hare Rama, Rama Rama, Hare Hare.

Genau wie (als) Jesus von Nazareth lädt Krishna die Menschen dazu ein, sich ihm vertrauensvoll hinzugeben und seine Jünger zu werden. Nicht durch Religiösität sondern allein

durch die freundschaftliche Beziehung zu ihm möchte er die Menschheit erlösen und zur Nachfolge (Bakhti-Yoga) führen.

„Denke immer an mich, werde mein Geweihter, verehre mich und bringe mir Deine Ehrerbietung dar. Auf diese Weise wirst Du mit Sicherheit zu mir kommen. Ich verspreche Dir dies, weil Du mein inniger Freund bist.

Gib alle Arten von Religion auf und ergib Dich einfach mir. Ich werde Dich von allen sündhaften Reaktionen befreien. Fürchte Dich nicht." (Bhagavad-Gita 18.65 und 66)[6].

Buddhismus

Ähnlich wie im Hinduismus erscheint Vishnu in seiner neunten Inkarnation als Siddharta Gautama, der als Buddha bekannt wurde (566-486 v. Chr.). Er war königlicher Herkunft und lebte die erste Zeit seines Lebens in einem prunkvollen Palast, doch schon vor seiner Geburt wurde seiner Mutter, der Königin, durch einen prophetischen Traum bewußt, ihr Sohn werde zu einem großen Religionsstifter heranreifen. Die Himmelsbewohner, so wird berichtet, kamen bei seiner Geburt herbeigeeilt, um das große Ereignis zu bestaunen, denn die Geburt eines Buddha ist ein fröhliches Ereignis von großer Tragweite.

Als junger Prinz begegnete ihm, der aus väterlicher Sorge von allem Negativen ferngehalten wurde, das Leid der Menschheit in dreifacher Form: Als Krankheit, als Alter und als Tod.

So, tief bewegt, begegnete er einem glücklichen Asket, dessen Lebensweise er sich entschied zu übernehmen, um einen Weg aus allem Leiden der Welt zu finden. Sofort legte er sein Prinzengewand ab, verzichtete auf die Krone und das fürstliche Leben im Palaste und wurde Asket. Im Laufe einer einzigen Nacht erlangte er den vollständigen Zustand des Erwachtseins (Sambohdi) und beendete so den Kreislauf der Geburten. Auf Bitten einer der Götter (oder Engel) beschloß er, seine gewonnenen tiefen Einsichten aus Mitleid allen Menschen zu verkünden. Ähnlich wie als Jesus von Nazareth (Kalki) suchte er sich eine große Schar Jünger, die er ebenfalls zur Erleuchtung führte (dieser Zustand ist durch Frieden, tiefe spirituelle Freude, Mitgefühl und ein geläutertes, verfeinertes Bewußtsein charakterisiert). Er zog mit ihnen zu Fuß durch die Städte und Dörfer Nordindiens, verbreitete die neue Lehre zur Beendigung allen Leidens, vollbrachte Wunder und gründete Klöster.

So lehrte er seine Jünger und die vielen, die ihm zuhörten in alle Tiefen der Wahrheit, bis er nach einem langen und erfüllten Leben seinen Körper verließ. Ähnlich wie im Christentum entstand nach seinem Tod der Glaube, er werde wiederkommen als ein Buddha namens **Maitreya** und am Ende des gegenwärtigen Äons zu einer schweren, schicksalhaften Stunde erscheinen, wenn eine utopische Ära, in der alle Menschen Erleuchtung fänden, anbricht*.[7]

* Sakyamuni prophezeite das zukünftige Erscheinen eines Buddha Maitreya auf Erden und wird von allen Schulen und Lehrrichtungen des Buddhismus ausnahmslos anerkannt.

Maitreya, der „Buddha der Zukunft" wird die von anderen Buddhas vorbereitete Welt vollenden und als letzter der ihren sie in eine wunderbare Ära des Friedens leiten. Maitreya bedeutet der Liebende, denn die Liebe ist das herausragende Merkmal dieses kommenden Zeitalters. Wenn Maitreya, die Liebe, zur Erde kommt, werden alle Wesen, Götter, Menschen und Geister ihn begrüßen und durch seine Gegenwart die große Wandlung erfahren (seine Liebe bringt die Menschheit wieder in vollkommenen Einklang mit den universellen Gesetzmäßigkeiten des Dharmas). Derartig wird die Erde neu. Auch wie das goldene Zeitalter, welches die Wiederkunft Buddhas einläutet, sein wird, ist prophezeit: „Der Boden ist ohne Dornen, geebnet und mit frischem Gras bewachsen. Springt man über ihn, so macht er sich dem Schritt gefällig, denn er gibt nach gleich den weichen Blättern der Baumwollpflanze. Die Lüfte sind von köstlichen Wohlgerüchen erfüllt. Wohlschmeckender Reis gedeiht ohne Feldarbeit. Vielfältigste Stoffe verschiedenster Farben wachsen auf den Bäumen. Unvorstellbar ist ihre Lebensdauer. Makellos sind die Lebewesen, ohne Bosheit und voll Tatkraft. Groß gewachsen werden sie sein, mit schön getönter Haut. Und sie werden über außerordentliche Kräfte verfügen."[8]

„Landschaft, Gebäude und Orte des Verweilens
sind mit vielerlei Schätzen geziert,
Blüten und Früchte gedeihen in
juwelenschöner Landschaft,
wo die Menschen in Glücksempfinden wandeln.
Unabläßlich rühren Götter himmlische Trommeln
zu Musik und Tanz der Wesen,
die Blüten regnen lassen über

den Buddha und sein Gefolge.
Unvernichtbar ist sein Paradies!"

Wie können wir uns also vorbereiten auf diese wunderbare Zeit? Der einfachste Weg zur Erleuchtung und zur Buddhaschaft ist in diesem Zeitalter das Aufsagen folgenden Mantras:
Nam Yo Ho Renge Kyo.
Nam Yo Ho Renge Kyo.
Nam Yo Ho Renge Kyo.
(Ich gebe mich dem vollkommenen Gesetz der Lotosblüte hin).
Chanten wir dieses heilige Mantra, so beginnt unser innerer Buddha zu erwachen und eine erste Erleuchtung stellt sich ein. Zwanglos „reift der Mensch ohne eigenes Wollen durch den reinen Zustand der Buddhaschaft und tritt durch die Tore der Erleuchtung." Maitreya ist in unserem Herzen erwacht.

Islam

Auch in der islamischen Tradition wird der König der Könige am Ende der Zeit wiederkommen. „Und an dem Tage, da der Himmel sich spalten wird mit samt den Wolken und die Engel herabgesandt werden in großer Zahl. Das Königreich, das wahrhaftige, an jenem Tage wird es das Gnadenreiche sein; und ein Tag soll es sein, schwer für die Ungläubigen" (Koran, Sure 25.26 und 27)[9]. Nicht so wie im

Koran, welcher dem **Propheten Mohammed** durch den Erzengel Gabriel geoffenbart wurde, wird die Wiederkunft Jesu in der islamischen Tradition verharmlost, Jesus werde zwar das Endgericht ankündigen, und das „vollkommene Reich der Endzeit" 40 Jahre lang in Gerechtigkeit und Frieden regieren, jedoch werde er auch heiraten, Kinder zeugen, letztendlich sterben und in Medina neben Mohammed begraben werden[10].

Ich denke, diese Verharmlosung ist ein Schutzwall vor Konvertierungen zum Christentum, eine Grenze dieser Religion. Doch vielleicht ist Jesus auch der **12. Imam**, der in der Lehre der Imamiten (Shiiten) der erwartete Mahdi ist, der nach der Endzeit das Reich Gottes errichten wird.

Der **Koran** besitzt eine Fülle von Informationen, wie es danach weitergeht, er ist sehr reich an Schilderungen des Paradieses. Interessanterweise finden sich hier auch Hinweise auf die **Kultur** des kommenden tausendjährigen Friedensreiches. „Gekleidet werden sie in feiner Seide und schwerem Brokat" (Sure 44.54), „sie werden ruhen auf grünen Kissen und schönen Teppichen" (Sure 55.77), „Schüsseln von Gold und Becher werden unter ihnen kreisen, und darin wird alles sein, was die Seelen begehren und woran die Augen sich ergötzen - und ewig sollt ihr darinnen weilen." (Sure 43.72). „Sie werden auf Thronen sitzen" (Sure 37.45) und „in Palästen wohnen." Dann wird er Glück genießen und den Duft der Seligkeit und einen Garten der Wonne." Er (der Auserwählte) „wird in die Gärten eingehen, in denen Ströme fließen, und die höchste Glückseligkeit erlangen. Allahs' ist das Königreich der Himmel und der Erde und was zwischen ihnen ist; und er hat die Macht über alle Dinge." (Sure 5.121).

Doch dies gilt nur, und darauf wird im Koran immer wieder hingewiesen, den Gläubigen, welche gute Werke getan haben, den Armen gespendet (Zekat), das Gebet verrichtet und Gott allein angebetet haben, den „Ungläubigen wird ein flammendes Feuer bereitet" (Sure 25.12).

Judentum

Auch im Judentum existieren ein Menge Hinweise auf das Paradies in der jüdischen Thora, dem Alten Testament. Besonders Jesaja hat eine Fülle solcher prophetischen Verheißungen empfangen. Das bekannteste ist wohl Jesaja 2.4: „Und sie werden ihre **Schwerter zu Pflugscharen** schmieden und ihre Speere zu Winzermessern. Nation wird nicht (mehr) gegen Nation das Schwert erheben, auch werden sie den Krieg nicht mehr erlernen." Weiter „Dann wird der Wolf bei dem Lamm zu Gast sein und der Panther neben dem Böcklein sein Lager beziehen. Kalb und Löwe werden gut Freund sein und ein kleiner Junge wird sie zusammen mit dem Mastvieh hüten. Kuh und Bären werden sich befreunden, und ihre Jungen werden zusammen lagern. Der Löwe wird Stroh fressen wie das Rind *(Vegetarismus)*. Sie werden keinen Schaden stiften, noch irgendwie Verderben anrichten auf meinem ganzen heiligen Berg, denn die Erde wird bestimmt erfüllt sein mit der Erkenntnis Jehovas, wie die Wasser das ganze Meer bedecken.

Und es soll geschehen an jenem Tag, das die Wurzel Isais es sein wird, die dastehen wird als ein Signal für die Völker. An ihn werden sich auch die Nationen fragend wenden und seine Ruhestätte soll herrlich werden" (Jesaja 11.6-10)[2].

Israel und **Jerusalem** werden erhöht. „Die Nationen werden gewiß Deine Gerechtigkeit sehen und alle Könige Deine Herrlichkeit. Und Du wirst tatsächlich nach einem neuen Namen genannt werden, den der Mund Jehovas selbst bezeichnen wird. Und Du sollst eine Krone der Schönheit werden in der Hand **Jehovas** und ein königlicher Turban in der Handfläche Deines Gottes" (Jesaja 16.2-3).

Der **Messias** (Massiach = Der Gesalbte) hat zu regieren begonnen „denn ein Kind ist uns geboren worden, ein Sohn ist uns gegeben worden, und die fürstliche Herrschaft wird auf seiner Schulter sein. Und sein Name wird genannt werden: wunderbarer Ratgeber, starker Gott, Ewigvater, Fürst des Friedens. Für die Fülle der fürstlichen Herrschaft und den Frieden wird es kein Ende geben auf dem **Thron Davids** und über sein Königreich, um es fest aufzurichten und es zu stützen durch Recht und durch Gerechtigkeit von nun an bis auf unabsehbare Zeit. Ja, der Eifer Jehovas, der Heerscharen, wird dies tun" (Jesaja 9.5-7).

Das goldene Zeitalter bricht an.

Was die Juden seit Jahrtausenden erwarten, ist eingetreten. Der Höhepunkt und die Erfüllung ihrer so lang gehegten Sehnsucht nach dem Reich Gottes auf Erden und ihrer endlichen Anerkennung als das auserwählte Volk wird durch die Wiederkunft des langerwarteten Messias geschehen. Ihr sind sie auf einem „ununterbrochenem messianischen Fort-

schritt" entgegenmarschiert durch die Geschichte der Zeit. Israels Mission, ihre humane und heilsame Ethik der Welt zu verkünden, hat sich erfüllt. Selbst zur Zeit der Schoah (Holocaust) wurden die erfahrenen Leiden als **„Geburtswehen des Messias"** verstanden und man sah sich als Zeuge der apokalyptischen Ereignisse.[11]

Christentum

Parallel zum Judentum ist das Christentum geprägt von der Erwartung eines nahen Messias, dies ist instrumentalisiert in der Einleitung zum Abendmahl. „So oft Ihr von diesem Brot eßt und aus diesem Kelch trinkt, verkündigt Ihr den Tod des Herrn, bis er kommt." Besonders die frühen Gemeinden, die „Urchristen", bezogen einen Großteil ihrer Kraft aus der nahen Erwartung ihres wiederkommenden Herrn. **Maranata**, „Unser Herr kommt", war der oft vernommene Ruf in den täglichen Zusammenkünften der ersten Gemeinden. Das durch das erste Kommen Jesu begonnene Gottesreich wartet nun auf seine Erfüllung.

„Dein Reich komme" wird im Vater Unser seit 2000 Jahren gebetet, um den Tod zu vernichten und das ewige Leben den Gläubigen zu schenken, um die Menschheit zu richten und das tausendjährige Friedensreich zu regieren. „Siehe, er kommt in den Wolken (Offenbarung 1.7) auf einem **weißen Pferd** (Offenbarung 19.11), und wie ein Blitz, der von Osten gen

Westen zieht (Matthäus 24.27), werden alle Menschen ihn erkennen." "Und dann wird am Himmel das Zeichen des Menschensohnes sichtbar werden. Dann werden alle Völker der Erde wehklagen und werden den Menschensohn auf den **Wolken** des Himmels kommen sehen mit großer Kraft und Herrlichkeit. Und er wird seine Engel senden mit lautem Posaunenschall, und sie werden seine Auserwählten sammeln aus den vier Winden, von einem Ende des Himmels bis zum andern" (Matthäus 24.30-31).

Der Geist und die Braut werden **Hochzeit** halten, die Gemeinde Jesu wird sich auf ewig mit ihrem königlichen Bräutigam vereinigen. Das erste Kommen Jesu geschah in Armut und Niedrigkeit wie ein Lamm, doch nun, bei seiner zweiten Wiederkunft in Kraft und Herrlichkeit. Er kommt als Richter und Weltvollender, als **König der Könige**, als der Löwe von Judah. Er wird in der letzten Schlacht von Armageddon den Antichristen und sein Heer besiegen, die teuflische Fälschung seiner Selbst, die letzte Prüfung und endgültige Scheidung der Menschheit in Gut und Böse in einen See voll Feuer werfen und das Böse für tausend Jahre binden (Offenbarung 19.19 und 20).

Nun endlich können die Sanftmütigen die Erde ererben (Bergpredigt) und die Auserwählten für tausend Jahre mit dem Messias regieren. Herrschen heißt im Christentum dienen und so wird ihre Spiritualität gleich liebevoll leitenden Lichtern sein, und die **Engel** herauf- und herniederfahren um glückverheißende Nachrichten zu verkünden. Gott wird abwischen all ihre Tränen und in ihnen zusammen mit den Juden sollen gesegnet werden alle Völker (1. Moses 12.3). Von **Zion** wird Weisung ausgehen und des Herren Wort von

Jerusalem (Jesaja 2.2).

Das Ideal von **Marx** und **Engels** sowie aller Idealisten hat sich erfüllt, als König der Könige wird Jesus in Gerechtigkeit und Liebe mit den Seinen für tausend glückselige Jahre regieren (Offenbarung 20.6).

Oh, Friedefürst

Sanft streichelst Du mich, in Wehen, die mein Herz erfassen. Deine Liebe gilt nun auch mir. Ich konnte Deine Stimme nicht mehr vernehmen im Geschrei der Apostel, unreine Gefäße, ein scheppernder Klang statt Dein liebreizendes Geflüster.

Oh Friedefürst, wie ein Bettler kamst Du mir vor, so erbarmungswürdig bist Du mir erschienen; ich konnte keinen König finden. So öffnete das Judentum seine Pforten und mein Blut gab mir recht und führte mich zu Jehova in einen Palast. Reine Gefäße und goldene Schalen, der Klang der Gerechtigkeit erfüllte die Hallen und mir wurde das reine Gewand gegeben der Läuterung und einer gerechten Kultur.

Dies ist das Haus (Gottes), doch Du bist die Erfüllung, das Licht und die Wärme, der Frieden, der alles bewohnt.

Bald wird aus dem Lamm ein Löwe werden, einen in Macht und in Herrlichkeit gekleideter Fürst, der die Welt regiert mit ewigem Frieden, in königlicher Pracht. Doch wie ein Lamm kommst Du zu mir, weiß ist Deine Wolle und Dein Blick, der eines Freundes.

Wo ist Deine Krone, frag ich den Fürst, ist sie nicht in Israel in Jerusalem, dort, wo Du, Davids Sohn, geboren bist? Wo

reine Gefäße und ein ewiges Gesetz regieren, und die Kultur die eines Gottes ist? Ich Jude reiche Dir die Hand, zurück ins Mutterland, denn Israel ist Deine Pracht, mit ihr vertreib des Bösen Macht. Die dunkle Industriekultur, denn Babylon ist Deine Heimat. Oh, Friedefürst, erkenne Deine Macht und laß den Frieden in mitten des Krieges wohnen. Liebe Deine Schöpfung und habe auch Du Deinen Frieden mit Gott. Dann wird auch Deine Schar einziehen wie ein König in die Gärten der Verheißung, in den Himmel, der alles regiert.

Das Paradies

Oasen der Stille - Gärten der Glückseligkeit, Wasserfall der lebendigen Schöpfung. All die Sehnsüchte der gesamten Menschheit fließen hier zusammen und vereinigen sich zu dem großen Ideal. Früchte ewiger Freude werden wir pflücken in dem Genuß des hundertfältigen Nektars unendlicher Seligkeit. Alles ist dann gut. Der dunkle Schrecken, nur der Rost einer fast vergessenen Vergangenheit. Wie Archäologen werden wir dann schauen und die bunten Plastikgefäße von Babylon werden wir wie Schätze sehen und sie sammeln für die Museen danach.

„Und die Erde wird erfüllt sein mit der Erkenntnis des unendlichen Gottes" und wir werden unglaubliche Dinge schauen in dem Antlitz einer Blume oder eines Schmetterlings, wir werden die ganze Tiefe Gottes ergründen und trunken vor Glück werden wir sein wie die Götter selbst. Allah und seine Engel werden uns behüten wie Könige werden wir sein wenn wir eingehen werden in die Gärten der Glückseligkeit. Oh, Tag der Wiederkunft, wann kommst Du herbei? Regiere Du uns in der Weisheit Salomons und lasse die Moslems Deine Brüder sein, wenn alle Religionen einig werden und ihren ewigen Schatz uns offenbaren.

Oase in Chenini, 2001

Aus meinem Leben, Teil 2

Die Kerze meines Lebens ging zu Ende,
das Licht flackerte und der letzte Tropfen
ihres Saftes wurde zu Licht und Rauch; ich starb.
Und ich fühlte, wie eine Hand mich empor hob,
ganz sanft und weich und ließ mich steigen,
steigen und es wurde warm um mich und endlich
sah ich ein Licht, in das ich hineinfloß.
Ich war Licht und das Licht war ich
und ich spürte, wie all das Vergangene,
das Leben, das Leid für immer von mir abfiel;
Vergessen und Vergebung wuschen mich rein
und füllten mich auf mit wunderbarem Frieden.
Und eine Krone wurde mir gegeben,
geformt aus dem Leben selbst,
besetzt mit Steinen aus unendlicher Freude
und gefüllt mit ewiger Liebe.
All das gewann ich umsonst und das Gewand
der Dankbarkeit legte sich um mich und umhüllte mich,
wie ein verzauberter Schlaf...

Dann nach einigen Zeiten,
meßbar nur in Ewigkeiten, erwachte ich
in einem Land voller Blumen voller Düfte.
Und ein Geruch stieg in die Nase
und erzählte mir von Liebe und von Leben
und meine Zunge schmeckte das ewige Wort der Tat.
Ich setzte mich auf, erkannte mit erdigen,
offenen Augen die Welt,

die Welt, die mir neu war und jetzt so unendlich mir reichte.
Da regte sich ein Baum in wildem Grün, da stieg
ein Berg in die Lüfte hoch gezogen, da wogten
Gräsermeere, wellig weich in warmen Wind
und über allem spannte weit der Himmel seinen Bogen,
das heut' so blaue Götterkind.
Und durch das ganze Bild mir bot ein Fluß so
frisch verlockend sein Geleit und zog mich los
mit ihm auf Wanderschaft, durch
Länder, Welten, Raum und Zeit.

Ein Gedanke fliegt durch die Landschaft
meiner Seele und benetzt die Fühler meine Sinne
und die Flügel meines Geistes heben mich empor.
Und siehe, dieser Traum beginnt zu leben
und aus den tropfenden Wörtern
wird der Wasserfall der lebendigen Schöpfung.
Ich sehe Farben fließen,
sich in Formen ergießen
und füllen die Ufer
des rauschenden Stromes.
Und berauscht bin auch ich
von dem Nektar der wachsenden Blumen des Geistes
und eine Freude umjubelt mein Herz.
„Lobet den Schöpfer der Schöpfung,
den ewigen Vater des Seins",
und endlich erkennt meine Seele die Liebe,
die alles Leben umschließt, wie auch meins.
Und ich steige empor zu dem Glück,
verschenke ihm alles und mich,
und ich weiß mich geborgen in Heimat

Das ewige Leben nach Sadhu Sundar Singh

Sadhu Sundar Singh (1889-1929) war ein indischer Heiliger, der in Jesus seinen **„Meister-Yogi"** erkannte. Ihm erschienen im Laufe seines Lebens viele Heilige und Engel als Offenbarung und er durfte die „Geisteswelt", das Himmelreich schauen. Die Engel erklärten ihm genau das Wesen und viele Einzelheiten dieses ewigen Reiches und so möchte ich seine Visionen frei zitieren. Die Heiligen und Engel beschreiben den Tod eines Gerechten und seinen Eintritt in das Himmelreich folgendermaßen:

„Der Tod ist gleich dem Schlaf. Der Übergang bereitet keine Schmerzen, wie der Tiefschlaf einen erschöpften Menschen überfällt, so kommt der Todesschlaf zum Menschen."

Ein Engel kam ihm entgegen, begrüßte ihn freundlich als einen „Sohn des Lichts" und lud ihn ein, das Himmelreich zu betreten.

Der Gerechte „untersuchte seinen Geistesleib und fand ihn wunderbar licht und zart und von seinem groben stofflichen Leib völlig verschieden."

Der Engel erklärte ihm: „Wenn die Menschenseelen in der Geisteswelt angekommen sind, so scheiden sich die Geister der Guten sofort von den Bösen. In der Welt sind alle durcheinander gemengt, aber in der Geisteswelt ist es anders. Ich habe viele Male gesehen: wenn die Geister der Guten - der **Söhne des Lichts** - in die Geisteswelt eintreten, so baden sie zuallererst in den nicht zu fühlenden luftgleichen Wassern

eines kristallklaren Ozeans, und darin finden sie eine starke und erheiternde Erfrischung. Sie bewegen sich mitten in diesen wunderbaren Wassern, als ob sie im Freien wären: weder ertrinken sie darin, noch machen die Wasser sie naß; vielmehr treten sie, wunderbar gereinigt, erfrischt und geläutert, in die Welt der Herrlichkeit und des Lichts ein."

Viele Freunde und Angehörige, die vor ihm gestorben waren, traten auf ihn zu; und als er sie sah, wurde seine Freude noch größer.

Rings umher waren unvergleichliche und außerordentlich schöne Gebirge, Quellen und Landschaften, und in den Gärten befanden sich alle Arten süßer Früchte und schöner Blumen im Überfluß. Es gab alles, was das Herz begehren mochte.

In jedem Teil des Himmels gibt es prächtige Gärten, die immerzu jegliche Art lieblicher und sehr süßer Früchte und auch alle möglichen süß duftenden Blumen, die nie verwelken, hervorbringen. Dort preisen Geschöpfe jeder Art unaufhörlich Gott. Vögel von wunderbarer Färbung lassen ihre lieblichen Lobgesänge hören. Und wer den süßen Gesang der **Engel und Heiligen** vernimmt, der wird von einem wunderbaren Gefühl des Entzückens gepackt.

Wo immer man hinblicken mag, sieht man nichts als Bilder schrankenloser Freude. Das ist in Wahrheit das Paradies, das Gott denen bereitet hat, die Ihn lieben; dort gibt es keinen Schatten des Todes, noch Irrtum, noch Sünde, noch Leiden, sondern immerwährenden Frieden und Freude.

Der Herr sprach zu den Engeln: „Führt ihn hin zu jener herrlichsten Wohnung, die von Anfang an für ihn bereitet worden ist." Der Gottesmann prüfte die für ihn bestimmte

Wohnung aus der Ferne, denn im Himmel sind alle Dinge geistlich, und das Geistes-Auge kann durch alles, was im Wege steht, bis in unermeßlich weite Fernen hindurchblicken. Durch die ganze Unendlichkeit des Himmels ist Gottes Liebe offenbar; und überall kann man dort sehen, wie alle Arten Seiner Geschöpfe Ihn preisen und Ihm danken in nimmer endender Freude.

In der Wohnung fand sich alles, was seine Einbildungskraft ihm nur vorgestellt hatte, und ein jeder war bereit, ihm zu dienen. In den benachbarten Häusern lebten Heilige, gleichen Sinnes wie er, in seliger Gemeinschaft.

Der Gerechte fragte: „Wie weit sind die verschiedenen himmlischen Daseinsräume voneinander entfernt? Darf man die Räume, in denen man nicht wohnen kann, besuchen?"

Da sagte einer der Heiligen: „Einer jeden Seele wird der Wohnort auf der Stufe bestimmt, für die ihre geistliche Entwicklung sie befähigt hat; aber auf kurze Zeit kann sie auch andere Orte besuchen gehen. Wenn die Bewohner der höheren Stufen zu den niederen herabkommen, dann wird ihnen eine Art geistliche Bekleidung gegeben, damit die Herrlichkeit ihrer Erscheinung die Bewohner der niederen und dunkleren Orte nicht aus der Fassung bringt.

Ebenso erhält der Bewohner einer unteren Stufe, der zu einer höheren geht, eine Art geistliche Bekleidung, damit er das Licht und die Herrlichkeit jenes Ortes erträgt."

Im Himmel empfindet niemand eine Entfernung, denn sobald jemand wünscht, an einen bestimmten Ort zu gehen, findet er sich sogleich dort vor.

Welche Stufe der Güte die Seele eines Gerechten erreicht hat,

kann man an dem Glanz erkennen, den seine ganze Erscheinung ausstrahlt. Denn Charakter und Wesen zeigen sich in der Gestalt verschiedener leuchtender regenbogenartiger Farben von großer Herrlichkeit.

Die Größe irgendeines Menschen hängt nicht von seinem Wissen und seiner Stellung ab, noch kann irgendjemand dadurch allein groß werden. Ein Mensch ist so groß, wie er anderen nützen kann, und er nützt ihnen soviel, wie er ihnen dient. Deshalb ist ein Mensch so groß, wie er anderen in Liebe dienen kann. Wie der Herr gesagt hat: „So jemand will unter euch groß sein, der sei euer Diener" (Matth. 20.26). Alle, die im Himmel wohnen, haben ihre Freude daran, daß sie einander dienen; so erfüllen sie den Sinn ihres Lebens und bleiben auf ewig in der Gegenwart Gottes."[13]

Die Stufe, auf der wir in Ewigkeit leben werden, bestimmen wir selbst, durch unser Leben. Ja, es ist geradezu der Sinn dieses Lebens, den Grad der ewigen Erleuchtung für immer festzulegen. Spenden wir, sind wir freundlich und human zu unseren Mitmenschen und zu der Natur, ja, zu allen Lebewesen und haben wir in diesem Leben gelernt, Gott zu lieben und auch sein Freund zu sein?

Ich denke, jede der fünf Weltreligionen ist wie dafür geschaffen, uns auf das Ewige vorzubereiten und ein dem Himmel gemäßes Leben zu führen. So seien wir ein Segen für die Welt und lasset uns Reichtümer im Himmel sammeln, denn der Tod steht vor der Tür. Dies ist der leichte Weg ins Paradies.

Die meisten von uns werden, noch bevor der Antichrist die Menschheit zu ewigem Verderben führen wird, sanft ins

Himmlische entschlafen, und das ist auch gut so. Ich empfehle daher nur denjenigen die Flucht in sicherere Gebiete, die auch bereit sind, aus dem System auszusteigen bevor der Antichrist die Weltherrschaft erlangt und die Menschheit durch das Kennzeichen 666 gottesuntauglich macht und die Seele für immer vom Himmel scheidet. Ich werde persönlich dafür weiterleben, die Überlebenden zur rechten Stunde aus Babylon zu leiten und ins **„verheißene Land"** zu führen. Ich meine damit die Bio-Kommunen- und Höfe, die Schlösser und Landhäuser, in denen wir die dreieinhalbjährige Weltherrschaft des Drachen überstehen und auf den Messias und sein kommendes Reich warten. Ich freue mich auf diese Zeit, in der Himmel und Erde miteinander verschmelzen und unsere zuvor sanft Entschlafenden auch schon ihren Auferstehungsleib in Empfang nehmen und wir uns wiederbegegnen, um gemeinsam mit dem Messias zu regieren. Wundervolles steht bevor! Maranata, der Messias kommt.

...und der Weg
ins Paradies

spirituell-politische Essays
zur Verwirklichung des Paradieses

Die Künstlerkolonie

Die Kolonie war soweit. Leuchtend lag sie vor mir, fast wie die Vision eines Traumes. Die Ausgeburt meiner Phantasie. Jahre hatte es gedauert, sie aus dem Olymp eines göttlichen Einfalls in eine schweißtreibend irdische Wirklichkeit zu versetzen. Jahre der Kleinarbeit, die Bewerbung am Goethe-Institut und die vielen kleinen Schritte, die vorsichtig sich in die Wirklichkeit tasteten, wie eine Schnecke, die sich fortbewegt, um über Absätze und Paragraphen letztlich doch ihr Ziel zu erreichen.

Das Geld wurde irgendwann bewilligt und das Kunstwerk des Jahrhunderts, der neue Tarot-Garten*, das Modell eines besseren Lebens, das Substrat eines Ideals, konnte beginnen. Das Stückchen Landschaft war auserkoren und die Behörden und Nachbarn erwarteten mit Neugier die Entstehung dieses so seltsamen Fleckchens Erde, das so gar nicht europäisch sein wollte. Indien war das auserkorene Land, in dem dieser Traum Wirklichkeit werden sollte, denn Indien hatte den nötigen spirituellen Hintergrund und war ein sehr armes Land, dem man jegliche finanzielle Segnung nur wünschen konnte.

Die Zentralidee stellte eine Kunstuniversität im Sinne der von Joseph Beuys gegründeten Free International University dar, die semesterweise Malerei, Weben, Kostümdesign und Lehmbau unterrichten sollte, um so Lebensformen für die

---

* Der Tarot-Garten von Niki de Saint Phalle in der Toskana ist ein hervorragendes Beispiel für Kunst in der Landschaft.

spätere Kolonie zu schaffen. Insbesondere der große Platz um die Universität herum sollte den vielen kleinen, aber wunderhübschen bunt bemalten Lehmhäusern, die in naher Zukunft in den Semestern in liebevoller Kleinarbeit von den Studenten errichtet werden sollten, ein ewiges Zuhause schaffen, ein Lebensraum vielleicht für die ganze Lebenszeit. Als die Universität mit seinen drei großen Räumen auf dem kleinen Hügel errichtet war und große arabische Zelte bereitstanden, kamen die ersten Studenten. Es hatte sich schon in der Bauzeit herumgesprochen, was dort wunderbares geplant war und auch die Presse ergoß sich in ersten ausschweifenden Berichten, so waren schon gleich die Zelte gefüllt mit seltsamen, erwartungsvollen, intelligent in die Sonne blinzelnden Studenten.

Die Studiengebühr betrug 250 Euro im Monat, sodass 2.000 Euro inklusive Flug, Kost und Logis ein halbes Jahr Paradiesaufenthalt unter akademischer Anleitung gewährleisten konnten. Den Studenten galt die Aufgabenstellung, innerhalb dieser Zeit (oder länger) ein verkaufsfähiges Produkt (Bilder, Kostüme, gewebte Tücher oder allerlei Kunsthandwerk) zu entwickeln und zu produzieren, sodass dieses Produkt, in Deutschland verkauft, **150 Euro** oder mehr Erlös einbringe, mit dem eine Existenz in Indien zu gründen möglich wäre und Devisen in das Land fließen.

In Hamburg gab es schon eine Galerie (bald auch ein Kaufhaus der Künste) für diese wundersamen Dinge aus der fernen Kolonie. Als Höhepunkt gehörte es zur Aufgabe, ein Lehmhäuschen zu planen, zu bauen und zu bemalen. Es lebte sich gut in den Zelten, sie waren orientalisch-indisch eingerichtet und bargen jeweils 10 Studenten, die oft noch abends

stundenlang Gitarre, Tablas oder Sitar und andere Instrumente spielten, sich nächtelang unterhielten oder andere Feste feierten. Am Tage ging man zu den Ateliers oder baute an den Lehmhäusern. Auch gab es Vorträge über indische Mythologie oder kunstgeschichtliche Themen; Aktzeichnen und offene Diskussionen waren der Tagesordnung. Doch war alles sehr locker, und niemand mußte, wenn draußen wunderbar die Sonne schien oder der nahegelegene Strand zu sehr verlockte, am Unterricht teilnehmen, jeder konnte selbst entscheiden, auf welche Weise er sein Studienziel erreichte.

Schon nach dem ersten Semester waren die ersten Häuser fertig und drei Studenten ließen sich auf das Abenteuer ein, länger in der Kolonie zu bleiben und von ihrer Kunst, die sie zur Galerie nach Berlin schickten, zu leben. So war das erste Jahr ein gelungener Anfang eines Projektes, das in die Jahrhundertgeschichte eingehen sollte. Nach dem dritten Jahr standen etwa 50 Lehmhäuser und es hatte sich schon eine eigene Kultur entwickelt. Es war einfach traumhaft anzusehen, wie sich die Häuser einem organischen Muster folgend rosa, türkis, gelb und erdfarben dem sanften Hügel herabneigend bis zum Palmenhain halbkreisförmig ausbreiteten und so das kleine Künstlerdörfchen **Solaris** bildeten. Auf den Dächern glitzerten in der Sonne die Solaranlagen, die für fließend Wasser und Strom sorgten. Überall war die Luft erfüllt von Musik und die Künstler saßen in der Sonne und malten, sonnten sich oder pflegten eine Unterhaltung.
Inzwischen war hier viel los.
Eine Menge Tagestouristen hatten diesen Paradiesgarten entdeckt und auch viele Interessierte aus aller Welt blieben für eine Weile bei uns wohnen. Überall waren Stände aufge-

baut und es hatte sich eine geraume Zahl von Kunsthandwerkern bei uns angesiedelt, sodass Bilder, Webprodukte,
Kostüme und allerlei Kunsthandwerk den Touristen angeboten wurde. In der Mitte der Anlage gab es ein Café, das sich
großer Beliebtheit erfreute und ein Festival der Künste sollte
bald viele Hunderte in dieses bunte Paradies locken. Natür-
lich versuchte man, auch mit der indischen Bevölkerung in
den Nachbardörfern in einem fruchtbaren und freundlichen
Verhältnis zu leben. Den erstrebten Geldfluß von der ersten in
die sogenannte dritte Welt realisierte man durch eine kleine
Krankenstation, in der notleidende und kranke Inder kosten-
los behandelt und versorgt wurden. Aber auch auf anderen
Wegen floss viel Geld in die benachbarte Gegend und so wurde
die Kolonie ein großer Segen für diese Region.

Inzwischen war die Bewerberzahl so groß, daß ausgewählt
werden mußte. Man versuchte zwar, dem großen Andrang
durch den Bau neuer Lehmhäuser zu begegnen, doch war ein
gerechtes Auswahlverfahren unentbehrlich. Man traf sich
(die Dozenten) und einige Studentenvertreter in einem der
großen arabischen Zelte und ließ den Bewerber seine Werke
zeigen und seine Intention, gerade hier zu studieren, vor dem
versammelten Rat erklären. Häufig waren es junge, begabte
und aussteigewillige Künstler, die einen längeren Aufenthalt
in Solaris anstrebten oder Studenten aus aller Welt, häufig aus
den USA, die ein Wartesemester überbrücken wollten oder
ihr **Kunststudium** um eine schöne und interessante Erfahrung
bereichern wollten. Durch Fernsehen und Presse aus aller
Welt wurde das Projekt Solaris sehr bekannt und vielerorts
diskutiert.

Man hoffe, Solaris werde weiter anwachsen und ein gesell-

schaftliches Modell vom ökologischen und sozialen Leben verkörpern und modellhaft zeigen, wie Leben in Harmonie mit der Schöpfung auf diesem Planeten möglich sei.

Inzwischen kamen auch einige bekannte und erfolgreiche Künstler dazu und bauten ihre wunderschönen, reich verzierten Villen wie kleine **Schlösschen** in die hübsche Ansammlung von Solaris. Alles war sehr lebendig. Abends traf man sich in dem Café oder dem weißen Tempel inmitten der Anlage, hielt Vorträge und Meditationen und feierte so allerlei Feste. Ständig waren neue Leute aus aller Welt dabei und es wurde nie langweilig. Und der nur wenige Meter entfernte Strand tat das seinige dazu bei, daß jeder sich wohlfühlte und dem Glück immer näher kam.

So war nach den ersten Jahren eine glückliche, kleine Künstlerkolonie entstanden, die rasch anwuchs und sich in aller Welt großer Beliebtheit erfreute.

In Anbetracht der politischen Weltlage muß dieses Projekt in Mexiko oder Lateinamerika verwirklicht werden.

Das eiserne Zeitalter

Am Anfang der Menschheitsgeschichte steht das „goldene Zeitalter", welches in der indischen und griechischen Mythologie und auch in vielen anderen Völkern überliefert worden ist. Es ist identisch mit der biblischen Vorstellung vom Paradies. „In diesem Zeitalter herrschte ewiger Frühling und die Erde gab den Menschen alles, was sie zum Leben benötigten, ohne daß sie sich mit Saat und Ernte abmühen mußten. Die Menschen lebten im Frieden und im Einklang

mit der Natur und waren von glückseliger Freude erfüllt."[14]
Nach dem „goldenen Zeitalter" begann das „silberne Zeitalter", das schon erheblich schlechter war. Man versäumte es, die Götter zu ehren und mußte sich seinen Lebensunterhalt mühevoll mit dem Pflug verdienen.

Es folgte das „bronzende Zeitalter", das wild und kriegerisch war (alle Waffen wurden aus Bronze hergestellt), aber dennoch waren die Menschen edler und gottesfürchtiger als in dem letzten Zeitalter dieser Dekade, dem **Eisernen**.

Den Beginn dieses letzten Zeitalters, in dem die Menschheit moralisch verkümmert und nur noch aus materiellem Interesse handelt und sich letztendlich selbst vernichtet, dokumentiert die industrielle Revolution 1825 mit der Erfindung der Eisenbahn.

Die wunderbare Welt, die damals noch fast unendlich reichte, wurde durch die Eisenbahn plötzlich viel kleiner; die beschauliche Besonnenheit früherer Tage wurde durch die neue Hochgeschwindigkeit zerstört und Hektik und Streß kamen in die Welt. Was griechische Seher vor langer Zeit prophezeiten, daß in diesem Zeitalter sogar die Häuser aus Eisen gebaut werden, erfüllte sich in der aufkommenden Eisenarchitektur als das Ende allen schönen Bauens. Vor **Eisen** strotzende Industrieanlagen wurden aus dem Boden gestampft, diesem unedlen Metall, aus dem zu 90% der Erdkern besteht, dem klassischen Sitz der Hölle.

Durch die Herstellung von Eisen, zu dessen Reduktion man Holzkohle benötigte, löste einen unglaublichen Raubbau an den Waldbeständen der damaligen Welt aus und die erste große Umweltzerstörung begann. Die **industrielle Revolution** breitete sich immer weiter aus und verdrängte alles Schöne der klassischen Zeit. Seit dieser Zeit dominiert die Industrie die

Wirtschaft und löste den ersten **Weltkrieg** aus. Denn die **Industrie** witterte einen enormen Gewinn darin, die Völker in den Krieg zu stürzen und so Abermilliarden durch die Herstellung von Waffen und Kriegsgerät zu verdienen. Auch vor dem zweiten Weltkrieg war es wieder die Industrie, welche den Menschenfeind **Adolf Hitler** großzügig unterstützte und ihm so zur Macht verhalf, um in einem weiteren Krieg Abermilliarden Gewinn zu machen. Bis auf den letzten Pfennig verschlang Kruppstahl das gesamte Volksvermögen und führte die Völker in die Verelendung.

Nach dieser Katastrophe der Weltkriege war es wieder ein „Eiserner Vorhang", der die Völker trennte und ebenfalls einen erneuten lebensgefährlichen Rüstungswahn auslöste. Doch auch die Künste versagten und in devoter Systemhörigkeit schufen auch sie häßliche Objekte aus rostigem Eisen und depressionistische Gebäude aus Stahl und Beton.

In dieser „Allianz des Bösen" regieren satanistische Illuminatoren in Anzug und Krawatte die gesamte Weltwirtschaft und ihnen ergebene industriehörige Parteien wie die **CDU** sorgen ein weiteres und endgültiges Mal dafür, die Natur zu zerstören und die Welt an den Rand der totalen Vernichtung zu führen. Es liegt an uns, ob wir ihnen unsere Stimmen geben um so den letzten Todesstoß zu empfangen und als Schuldige an Gott, Mensch und Natur wohl nicht in die ewige Glückseligkeit einzugehen, da hilft auch kein C vor der DU.

Oder sind wir die Kinder des bald erneut anbrechenden **„goldenen Zeitalters"**, das nach dem Eisernen kommt?

Sind wir reif und vernünftig genug, uns für die richtigen Parteien zu entscheiden und uns der allumfassenden Dominanz der Industrie durch eine **Kulturrevolution** zu erwehren

und goldene Werte einer goldenen Zeit dem Eisernen entgegenzusetzen?

Schon in der Antike galt dieses edle Metall als lebensverlängernd und Paracelsus gebrauchte **Gold** als Lebenselixier zur Behandlung von Krankheiten. Nur durch das Gold einer gerechten Kultur können auch wir die Gesellschaft heilen, unsere Lebenszeit verlängern und dieses dunkle „eiserne Zeitalter" beenden.

Gold, auf den Dächern der Tempel, das als Ausdruck des Himmlischen in der bildenden Kunst und als Siegel königlicher Würde die Paläste und Häuser mit Glanz erfüllte; Gold, das von Anbeginn der Zeit von feinen Händen erstellt als die liebliche Zierde der Frau ein so kostbares Handelsgut war und das „jüdische Gold", welches das Fundament einer gerechten Wirtschaft bildete. Gold, das unsere Zeit veredelt wie die zwanziger Jahre. Das Eisen dieser Zeit verrostet und vergeht, doch das himmlische Gold, das uns veredelt, hält bis in alle Ewigkeit.

Plädoyer für die Schönheit

Den Architekten entgleitet die Verantwortung für ihr Tun. Sie bauen menschenunwürdige Gefängniszellen", sagte der Wiener Künstlerpoet **Friedensreich Hundertwasser**. Vehement plädierte er für kreatives Bauen statt Beton und einen „Friedensvertrag mit der Natur." Vielfalt statt Einfalt, für organisches Leben in Schönheit und Harmonie. Denn, so der Künstler, „die optische Umweltverschmutzung ist die gefährlichste, sie tötet die Seele der Menschen."

„Ein offenkundiger Grund, warum viele nicht das richtige

Gefühl der Schönheit empfinden, ist der Mangel an jener Feinheit der Einbildungskraft, derer es bedarf, um die feinen Gemütsbewegungen empfinden zu können." **(David Hume)**

„Alles Schöne und Ritterliche ist das Ergebnis der Vernunft und des Nachdenkens. Das führt mich dahin, den Schmuck als ein Merkmal des ursprünglichen Adels der menschlichen Seele zu betrachten. Die Mode sollte also als ein Zeichen des Strebens zum Idealen angesehen werden, das im menschlichen Gehirn über allem Rohen, Irdischen und Unsauberen schwebt." **(Charles Baudelaire)**.

„Das Gute ist der essentiale Grund des Schönen."

(Immanuel Kant)

„Die Schönheit muß der Freiheit vorangehen."

(Friedrich Schiller)

Denn nur die Schönheit kann der Weg ins Ideal, zurück ins Paradies sein. Schönheit kann mich positiv berühren und eine „ausgeglichene, maßvolle und harmonische Schwingung erregen" (Brockhaus), ja, sie kann mich geradezu in höchstes Entzücken versetzen und mich an das Gute glauben lassen. Schönheit führt mich in die Nähe der Engel und des Göttlichen und Aphrodite erscheint ihren Jüngern. „Wie im Himmel so auf Erden", so lasset uns die himmlischen Hallen, Tempel und Paläste, das himmlische Entzücken der Klassik und die organischen Muster des Jugendstils den „Gefängniszellen" in einer Wüste aus Beton entgegensetzen und den ästhetischen Alptraum des 20. Jahrhunderts beenden. Wir haben tausend Jahre einer wundervollen Geschichte, auf deren Ästhetik wir genußvoll zurückblicken können und um uns das Erlesenste herauszunehmen und in die Gegenwart zu übersetzen.

Die Verwirklichung einer solchen **„Kulturrevolution"** könnte

allein im Modebereich etwa **eine Million Traumjobs** (Mode-
designer, Weber und Dozenten) erzeugen, wenn feine, hand-
gefertigte Originale den schädlichen Industrieprodukten vor-
gezogen werden würden.

Traumhafte barocke Kostüme und mittelalterliche Gewan-
dungen sowie feine Alltagskleidung könnten in liebevoller
Handarbeit von den „neuen Modedesignern", geschult in
„neuen Modeuniversitäten", in königlichen Ateliers die Ma-
schinenware verdrängen und auch einen ganz neuen Markt
erobern. Kreative „Langzeitarbeitsverweigerer" und **Künstler**
aus allen Bereichen könnten professionell ihre Träume verwirklichen und so ihrem Ideal eine wunderschöne Form geben.
Das könnte allein in diesem Bereich zu etwa **6 Mrd. Euro**
jährlichen Einsparungen führen und die Arbeitslosenquote
um ein ganzes Prozent senken.

Das nur, um die jetzige **rot-grüne Regierung** zu stärken und
bei ihren finanziellen Problemen zu helfen.

Durch diesen „Friedensvertrag mit der Natur":

- Schönheit statt grauer Beton
- organische Muster statt dem rationalistischen Quadrat
- einmalige und edle Originale statt Industriemüll von morgen
- Manufakturen statt Fabriken
- Adel statt Massenmensch
- Geschichte statt Vernichtung!

wird das Schlimmste verhindert werden: Die Totalvernich-
tung durch den Regierungswechsel zur CDU. Denn das ist
gewiß: Entscheiden wir uns für die Industrie, werden wir

A   U   S   G   E   L   Ö   S   C   H   T

Dialog der Kulturen

Warum ist nur alles so amerikanisch? Warum sind gerade **McDonald's** und **Coca Cola** so populär? Warum kennt jeder Mickey Mouse und so wenige Siddharta Gautama? Gut, den Amerikanern haben wir ein Jahrhundert lang den Triumph gegönnt, den Vertriebenen Europas.

Aber ist das amerikanische Modell wirklich so geeignet, den ganzen Globus zu erfüllen? In Anbetracht, daß 3% der Weltbevölkerung (USA) 30% der Umwelt vergiften, wäre es an der Zeit, uns nach neuen Werten umzusehen und auch von anderen Kulturen zu lernen. Wäre es nicht schön, wenn wir Anleihen aus der arabischen Architektur dem Bauhaus entgegensetzen? Wäre ist nicht wunderbar, die so schöne farbenprächtige indische Kleidung auch bei uns zu sehen? Wenn afrikanisches **Kunsthandwerk** die Regale überflutet statt Plastikware und wertloses Blech? Wäre es nicht sinnvoll, wenn asiatische Weisheiten unsere Gedanken in der Geschäftswelt bewegen und nicht die Sorge um die Aktienkurse? Und die Inbrunst eines lateinamerikanischen Glaubens an Mutter Maria die Welt wieder lieblich mit der Natur versöhnt?

Ich glaube nicht mehr an den Export amerikanischer Fabrikwaren und Werte in aller Welt, sondern an den Import der anderen Kulturen, von deren Harmonie mit der Schöpfung wir noch soviel lernen können. Nur so ist Globalisierung sinnvoll und gerecht im fruchtbaren Dialog der Kulturen.

Segen oder Schädling.
Was ist der Sinn des Lebens?

Es gibt zwei Arten des Sinns: Der private Lebenssinn und der öffentliche Lebenssinn. Der private Lebenssinn ist mir heilig und ich möchte mich dazu nicht äußern.

Nach Betrachtung des öffentlichen Lebenssinns können wir zu drei Ergebnissen kommen:

Mein Leben ist:

a) sinnvoll

b) sinnlos

c) schädlich

Was uns öffentlich macht, ist neben Gedanken, Liebesenergie und Spiritualität unsere **Geldkraft.** Wenn ich mit meiner Geldkraft positive Dinge unterstütze und zum Beispiel im Bioladen einkaufe, bekomme ich Sinnpunkte, die meinem Leben einen Sinn geben. Das Kaufen von Kunst, Kunsthandwerk und allem lobenswert positiv hergestellten, sowie das finanzielle Unterstützen von Umweltorganisationen, humanitären Hilfen und Ähnlichem geben meinem Leben viele Sinnpunkte. Ich bin ein Segen für die Welt.

Das finanzielle Unterstützen des Bruttosozialproduktes oder der allgemeinen Wirtschaft hat keinen positiven Sinn, da das ganze System in Frage gestellt ist (**„Gott wird die zerstören, die die Erde zerstören."** Offenbarung 11.18), diese oft gerade von der Industrie mißbrauchte Sinnargumentation ist leider nicht mehr tragbar. Die Frage ist, wie sinnvoll erzeuge ich Geld und wie sinnvoll gebe ich es wieder aus. Ist mein

Beruf sinnvoll, ist mein Konsum sinnvoll, bin ich vielleicht sogar ökosozial, kulturell oder religiös engagiert (viele Sinnpunkte) und bin ich **Grünwähler** oder nicht. Damit haben sich die Möglichkeiten, einen öffentlichen Lebenssinn zu haben, eigentlich schon erschöpft. Ist dieses alles nicht der Fall, so ist mein öffentliches Leben entweder sinnlos oder sogar schädlich. Konsumiere ich negative Produkte (schädliche Reinigungsmittel, Industrieprodukte, etc), fahre ich ein Auto, ist mein Beruf eher schädlich für die Umwelt und engagiere ich mich nicht, um diesen Zustand eventuell auszugleichen, spende ich nicht und wähle ich nicht grün, so muß ich zugeben, daß mein öffentlicher Lebenssinn ein schädlicher ist. Ich bin ein Schädling. Mein Leben ist schädlich für die Umwelt und ich habe Gott zu meinem Gegner (Islam). So ziehe nun jeder die Bilanz für sein Leben und überdenke den Sinngehalt seines Lebens neu.

Für ein sinnvolles Leben und eine positive Lebensgestaltung.

Königliche Manufakturen statt Fabriken

Warum ist alles so grau, so gleichförmig, so häßlich? Warum fehlt Schönheit und Individualität? Warum ist das Leben für viele nicht mehr lebenswert? Die Antwort liegt zum Teil in der kalten, seelenlosen Fabrikation der Dinge, die uns umgeben. Fabrikgefertigte Produkte haben keine Seele, kein Gegenüber, niemand der sagt, schau, dies hab ich nur für Dich gemacht. Das unterstreicht die Einzigartigkeit einer jeden einzelnen Persönlichkeit und macht den Menschen zu einer einmaligen, wertvollen Person. Statt dessen entfremdet uns ein kaltes, nur profitorientiertes Wirtschaftssystem und eine unpersönliche **Maschine** produziert Massenware und macht den Konsumenten ebenso zu einem Massenmensch, „der in seinem blödsinnigen Gleichheitstaumel alles, was schön und erhaben auf dieser Erde ist, zerstört." **(Heinrich Heine)**.

Der einzigartige, von Gott geschaffene Mensch geht dabei verloren, ja, er kann sich kaum noch vorstellen, von einem liebenden persönlichen Gott einzigartig und individuell geschaffen zu sein, seine Alltagserfahrungen sind anders. Wenn der Produzent eine anonyme Maschine ist, die uns täglich mit Gütern versorgt, werden auch wir eine anonyme Nummer und gehen als Persönlichkeit unter.

Aus dieser Problematik hilft nur die Umstellung des eigenen Konsums zugunsten von Kunst und Kunsthandwerk, zu einmalig geschaffenen Artefakten, von Menschenhand produziert, die uns an unsere eigene Einmaligkeit erinnern und

dorthin zurückführen können. Durch diese Umstellung kann die Welt wieder menschlicher und schöner werden und ist über dies hinaus auch der ökologische Weg in ein neues lebens- und umweltfreundliches Zeitalter hinein, welches man in vielen Dingen schon kommen sieht.

So laßt uns Manufakturen gründen, **königliche Akademien,** in denen semesterweise Kunst, klassische Mode und Kunsthandwerk gelehrt wird, königliche Ateliers, in denen in edelster Weise Kunst und Alltagsware erschaffen wird.

Manufakturen statt Fabriken, Kunsthandwerk statt billiger Plastikware, Kunst statt Kommerz.

Die soziale Plastik von Joseph Beuys

Humaner Kapitalismus

Dem Dilemma zwischen dem westlichen Kapitalismus und dem inzwischen untergegangenen östlichen Sozialismus kann nur durch den „humanen Kapitalismus" begegnet werden, der alle individuellen Freiheiten des westlichen Kapitalismus in sich vereint mit den berechtigten sozialen Ansprüchen des östlichen Lebensmodells und damit zum Modell der Zukunft wird. Kapitalismus darf geschehen, der Geldfluß darf und soll fließen, Wohlstand wird begrüßt, ja sogar bis ins Schönste und Edelste erhoben, Individualismus wird groß geschrieben und Originalität belohnt. Ein jeder

kann sich artgerecht auf dem großen Markt mit seinem Produkt wohlfeil anbieten und im salomonischsten Sinne „reich" werden.

Die Bedingung ist: Humanität. „Arbeit ist immer Arbeit für andere". Nach dieser, von Joseph Beuys geforderten These ist das erwirtschaftete Kapital an Humanität gebunden. Wie erzeuge ich mein Geld, und wofür gebe ich es aus, lautet die Frage. Ist es human und ökologisch erwirtschaftet und investiere ich ebenso nur in solche Dinge? Sind die Steuern, die ich bezahle, wirklich in gute und soziale Zwecke investiert? Gedenkt mein Staat seiner Verantwortung für die **dritte Welt** und werden auch hier in Deutschland ansässige Sozialhilfeempfänger human behandelt? Sollte nicht gerade der Starke den Schwachen stützen?

Ist nicht die **direkte Demokratie** per Volksabstimmung der Weg, dies zu koordinieren? Indem das Volk entscheidet, wofür die vielen Steuern eingezogen werden? Investieren wir in die Bundeswehr oder in Bildung, Pflege und Soziales und wie sichern wir unseren Frieden, wenn nicht durch Ökologie und globale Gerechtigkeit? Möge die direkte Demokratie ihren späten Siegeszug in die demokratische Wirklichkeit bald erfahren.

Freie Manufakturen statt Fabriken

Den von Beuys geforderten Gründungen von freien Schulen möchte ich die freie Manufaktur hinzustellen. Von Ludwig dem XIV. gegründet, waren sie die Vorläufer der modernen Fabriken und sind daher geeignet, diesen Prozeß

der Industrialisierung in den Ansätzen wieder umzukehren. In Anbetracht der von den Fabriken ausgehenden Umweltzerstörung und der durch die Rationalisierung entstandenen Arbeitslosigkeit ist eine Umkehr gefordert. Außerdem ist das massenhaft entstandene Proletariat eine unschöne Nebenwirkung der „bösen" Fabrik.

Wie ist also eine Umkehr möglich? Freie Manufakturen könnten von Künstlern, Kunstpädagogen, Ergotherapeuten oder Industriedesignern als Atelier mit vielen Mitarbeitern genutzt werden, um ihre kunsthandwerklichen Design-Produkte in größeren Mengen herzustellen. Sei es, daß Porzellan erstellt und bemalt würde, Dinge des Alltags massenhaft produziert werden würden oder alles andere Marktfähige (z.B. Gips-Büsten oder klassische Mode) als edles, ökologisches und humanes Produkt die seelenlose Massenware der gesichtslosen gleichgeschalteten Massenmenschen langsam verdrängen würde. Das Proletariat würde umgewandelt zu glücklichen Kunsthandwerkern und die Massenarbeitslosigkeit ein Ende nehmen.

Das Mittelalter und die darauf folgenden Epochen stellen die schönste und radikalste Form der Ökologie dar, da es gar keine Fabriken gab und alles, wirklich alles in edelster und schönster Art und Weise mit der Hand hergestellt wurde. In Anbetracht dessen, daß „Gott die zerstören wird, die die Erde zerstören" (Offenbarung 11.18) ist eine radikale Abkehr von allen zerstörerischen Elementen dieser Gesellschaft angeraten.

Das Original statt Massenmensch, Manufakturen statt Fabriken.

Jeder Mensch ist ein Künstler

Beuys befreit den Begriff des Künstlers von seiner elitären Sonderfunktion hinein in die Allgemeinheit eines jeden Bürgers. Dabei meint er nicht das Gemälde oder die Skulptur, sondern die gesamte „soziale Plastik". Jeder würde durch seine Taten, seine Gedanken, ja seine Gefühle positiv an der Gesamtplastik mitwirken. Der Einzelne ist aufgefordert aktiv, ja basisdemokratisch durch positive Taten, positive Gedanken und positive Gefühle die Wirklichkeit und die Spiritualität einer Gesellschaft mitzuformen.

Das Gesamtkunstwerk **„Wirklichkeit"** kann durch den einzelnen verschönert und veredelt werden, ich kann schöne und positiv hergestellte Produkte durch meinen Konsum fördern, ich kann mich entscheiden, ein schönes, klassisches Haus zu bauen und mich zur optischen Erquickung aller interessant und edel kleiden, mich bilden, eine schöne Sprache entwickeln, gute Sitten an den Tag legen und so zu einem wertvollen Kleinod der Gesellschaft werden. Jede freundliche Geste ist eine kreative Handlung in und an der sozialen Gesamtplastik. Jeder positive Gedanke, jedes gute Gefühl, jede Tat hat eine Wirkung im Ganzen.

Auch das geforderte höhere Bewußtsein, die Grundvoraussetzung für das Entstehen einer höher entwickelten Gesellschaft kann ich nur als einzelner entwickeln um es dann auszusenden und andere mit hineinzurufen. Höhere **Spiritualität** muß geschaffen und in die Gesamtplastik ausgesandt werden.

Die Dreigliederung der sozialen Plastik

Die Dreigliederung der sozialen Plastik, die Joseph Beuys hier von Rudolf Steiner aufgreift, besteht aus drei Elementen: Das „freie Geistesleben", ein von Gleichheit bestimmtes „Rechtswesen" und ein „Wirtschaftsleben", das von Brüderlichkeit und Solidarität als wesenhaftes Merkmal geprägt ist. Alles wird vom Geist aus gedacht, und beeinflusst, daher muß das freie Geistesleben (das Hochschulwesen und die Wissenschaft, alle religiösen Kirchen und das gesamte Kulturwesen) höchste Priorität besitzen und an erster Stelle stehen. Das freie Geistesleben nimmt Einfluß auf den Staat und dieser bestimmt die Richtlinien der Wirtschaft. Nur so ist das Ideal erreicht, nur so der Geist, die höchste religiöse Einheit, der große Inspirator oder einfach nur Gott an der einzigen Stelle, die ihm gebührt, nämlich an der ersten. Nur so kann aus der **Freiheit** des Geistes, der **Gleichheit** im Rechtsleben und einer **Brüderlichkeit** in der Wirtschaft sich das Ideal der französischen Revolution erfüllen.

Ein Professorenstaat, ein **Künstlerstaat**, ein Gottesstaat. Doch hierzulande ist es umgekehrt. Die Wirtschaft dominiert seit der industriellen Revolution den Staat und die Wissenschaft. Ein Teil der Politiker sind korrumpierte Marionetten der Industrie und die Bildung ist unterdrückt. Der Geist, der regieren sollte, um aus reiner Vernunft **Frieden** zu erzeugen, wird erpresst und bedrängt. Die Gelder werden gekürzt, das Gewissen wird verdrängt.

Oh, Geist der Wissenschaft (und Bildung),
Oh, Geist der Wahrheit (alle Kirchen und religiösen Gemein-
schaften),
Oh, Geist der Vernunft (die Grünen Parteien),
Oh, Reich der Humanität,
Erhebe Dich über den götzenverehrenden Staat eines gottlo-
sen Systems, verwandle die Herzen und erlöse die Wirtschaft
durch eine gerechte Kultur.

Ayatollah Khomeini – der islamische Staat

In der Sprache ihrer dreizehn Jahrhunderte alten Kultur und
Religion, in der Sprache des **Islam**, beginnt Ayatollah Khomeini seinen Kampf für Gerechtigkeit und gegen die Armut.

Seine Befreiungstheologie mit starkem karitativen Engagement richtet sich gegen das vorislamische Zeitalter der sogenannten Ignoranz, in dem die verwestlichten Autokraten der
Götzenanbetung verfallen sind. Die westlichen Technologien
und ihre Industrie, ja, die ganze Moderne wird abgelehnt und
boykottiert. Mit seinen Ideen, die er in 132 Interviews und
seinem Buch „Der islamische Staat"[17] veröffentlichte, einigt
er die fromme Mittelschicht, die Armen und Entwurzelten,
die Linken und Kommunisten, und die muslimischen Minder-
heiten zu einer gläubigen Schar.
Mit 98% Zustimmung ruft er die Regierung Gottes aus.
Endlich ein Gottesstaat, endlich der Weg ins Paradies.
Möge auch bei uns die Regierung Gottes ausbrechen und das

„freie Geistesleben" seinen Einzug halten in die überparlamentarischen Kreise des „Hohen Rates" (um dessen Zustimmung die Regierung bitten muß). Möge das Judentum und alle Religionen mit der Wissenschaft vereint und in allen Künsten, veredelt durch den Adel, als eine gerechte Kultur wie ein vorparadiesisches Licht im Völkermeer erscheinen und die Verheißung von Jakob Lorber (einer von „verinnerlichter Religiösität" gekennzeichneten Nation) in einem Gottesstaat in Erfüllung gehen.

Das Friedensreich in Deutschland, des Himmels Monarchie!

Deutschland ein Wintermärchen, Teil 1

Als Deutschland noch jung war und in Wäldern und Wiesen, an Tümpeln und Seen die Elfen spielten und die Eiche heilig war und alle Natur geschwängert war von einem pantheistischen Gotte, der sich in einem Blatt, einer Blüte und einem Schmetterling offenbarte, war die Welt noch in Ordnung und der Mensch ein gesunder Teil von ihr.

Das Unglück kam mit dem römischen Reiche, das statt in Waffenrüstung in einem Talar die Wiesen und Wälder eroberte und mit einem Heer von Missionaren das neue römisch-katholische Imperium in die alte germanische Heimat trug. Die Götter wurden zu Dämonen erklärt, die Natur verteufelt. In gnostischer* Verzerrung des einst **jüdischen Christentums** wurde in der Befehlssprache der Feldherren, dem Latein, ein grausamer Feldzug gegen den Leib zelebriert, ein indisch-asketisches Ideal galt der Abtötung des Fleisches und der Entsagung aller sinnlichen Freuden. Alles Materielle galt dem Reich des Bösen und nur in der Ewigkeit war Erlösung zu finden.

Und so wundert es nicht, daß ein deutscher Mann sich erhebt und todesmutig 95 Thesen an eben jene römischen Pforten nagelt und damit das Imperium beinahe zum Einsturz führt. Der deutsche Geist wittert jenen gnostischen Irrtum und ein ganzes Volk übt den Aufstand. Die Reformation bricht aus

*man trenne den Geist von dem Leib

und der Pendelschlag der Geschichte schwenkt in sein Gegenteil. Die Heiligenbilder werden verbrannt, Mutter Maria wird abgeschafft, Wunder physikalisch erklärt und statt eines blinden Vertrauens in die katholische Kirche und ihrem unverständlichen Latein wird aus der begründeten Hingabe zur heiligen Schrift ein kalter Rationalismus.

Die Aufklärung verabschiedet sich von seiner Unmündigkeit und mit **Kant**, dem Henker, wird Gott endgültig getötet und von **Fichte** begraben. ER war halt empirisch nicht mehr zu fassen und eine unangenehme Erinnerung an die „ansteckende Krankheit der Leibesverneinung, deren Schwäche man noch heute in den Gliedern spüre" **(Heinrich Heine)**[18] und man sich deren durch das verzweifelte Gegenmittel eines gottlosen Materialismus zu wehren wußte.

Wie die trotzige Tat eines Kindes begann man, Götzen als Gott zu verehren und badete erst einmal ausgiebig in der Sinnenwelt. Doch hat sich dieses verständliche Anliegen verselbständigt und wir degenerierten weiterhin gottlos in eine verkehrte Richtung. Wir sind ein Babylon der Ungläubigen geworden, wir sind gottloser denn je. Unsere Werte tendieren zwischen Mickey Mouse und Hollywood und wir glauben an die Deutsche Bank, denn die zahlt aus in bar, ja ja. Es zählen:

Leistung statt **Liebe**
Geld statt **Gott**
leeres Wissen statt **Glauben**
Haben statt **Sein**
Industrie statt **Kultur**
Verderben statt **Moral**
Tod statt **Leben**

Dessen bedarf einer Lösung: „Die Materie muß rehabilitiert werden" (Heine), sie bedarf einer moralischen Anerkennung und sie muß sich wieder mit dem Geist versöhnen. Das bedeutet, daß sie vernünftig werden und sich wieder, um anerkannt und geheiligt zu werden, mit der Natur versöhnen muß. Die Wandlung, die sie zu vollziehen hat, geht ja wie schon erwähnt zum Kunsthandwerk und allem Schönen, was der Natur nicht schadet.

Die Materialisten werden erlöst von ihrer Gottlosigkeit, sie sind durch einen sinnvollen Konsum gesegnet und der Geist und die Vernunft ziehen ein in die Wirklichkeit. So müsse sich auch die Kirche rehabilitieren und in salomonischer Sinnenfreudigkeit den Leib als Tempel Gottes ehren, sie müsse der Natur versöhnend die Hände entgegenstrecken, sie umarmen und mithelfen (was sie auch schon tut) eine gerechte und schöpfungsgemäße Kultur zu errichten und die Natur als einen Gottesgarten zu preisen und zu schützen.

So sehe ich nicht nur für die Kirche, sondern für ganz Deutschland die Chance, sich zu rehabilitieren...

Deutschland ein Wintermärchen, Teil 2

Denn gerade für Deutschland gilt die Prophezeiung des Jakob Lorber, daß hier das tausendjährige Friedensreich beginnen soll. Ein Reich von verinnerlichter Religiösität und auch eine Monarchie soll es wieder werden. Denn gerade

Deutschland, und das werde ich erklären, ist wie geschaffen dafür.

Es gibt jene schöne alte Legende, in der mein Vorfahre, Jakob der 1., ein jüdisch-dänischer Adliger (die Geschichte spielt in Friesland, welches damals dänisch war) vor etwa 700 Jahren im Mittelalter ein Geschäft mit der dänischen Krone tätigte und ihm daraufhin die **Prinzenkrone** versprochen wurde. Als das Geschäft vollzogen war (es wurde viel Land verkauft), gab der dänische König ihm nur eine Krone aus Blech. Enttäuscht wandte sich Jakob an Gott und der versprach ihm oder seinen Nachkommen eine echte Krone, wenn er oder einer seiner Nachkommen das Reich Gottes auf Erden errichten würde...

Doch auch sonst ist Deutschland eine ganz besondere Nation, in die wahrhaftig das Potential zum Friedensreich gelegt ist. Angefangen vom Pantheismus der alten Germanen, bei denen Siegfried im Nibelungenlied plötzlich die Sprache der Vögel verstand, als ein Tropfen Blut des erschlagenen Drachen seine Lippen benetzte, über das „Heilige Römische Reich Deutscher Nation", all das Mittelalter hindurch, als die Religion der Germanen in der sagenhaften Welt der Ritterromantik und dem Märchen fortlebte und alles von Wundern durchdrungen war. Dieses sagenhafte Reich in der Mitte der Zeit.

Doch auch das Christentum vermochten die Deutschen tiefer aufzufassen als andere Nationen und mit Luther, dem Erneuerer und seiner neuen Bibel, in Deutsch gefasst statt dem Latein, wurde die deutsche Sprache das ideale Medium für den Geist und die Natur.

„Die deutsche Sprache ist wie ein Bergquell, der aus hartem Felsen hervorbricht, wunderbar geschwängert von unbekanntem Kräuterduft und geheimnisvollen Steinkräften. In keiner anderen Sprache hätte die Natur ihre geheimsten Werke offenbaren können, wie in unserer liebdeutschen Muttersprache. Nur auf der starken Eiche konnte die heilige Mistel gedeihen" **(Heinrich Heine).**

So kam mit der neuen Benutzbarkeit der deutschen Sprache auch die „große Tochter der Reformation" zur Welt, die deutsche Philosophie. Hier finden wir eine große Ähnlichkeit zu Israel, nicht die gemeinsame Feindschaft mit den Römern, sondern die „Reinheit des Geistes" (Heine) mache Deutschland zu einem neuen Jerusalem. Ebenso wie Israel sind die Deutschen ein Volk des Geistes. Denn wie den Engländern und Franzosen das Land gehört (Kolonialismus des 18. Jahrhunderts), so ist das Reich der Deutschen das Land der Träume (Religion und Philosophie), und was in der französischen Revolution tatsächlich geschieht, wird in der deutschen Philosophie geträumt.

Madame de Staël bezeichnet uns als eine metaphysische Nation. Das Herrlichste und Heiligste, was Deutschland je hervorgebracht hat, ist jene Humanität, Menschenverbrüderung, und Kosmopolitismus, dem unsere großen Geister **Lessing, Herder, Schiller, Goethe, Schlegel und Heine** immer gehuldigt haben. „Deutschland ist das Land der **Dichter und Denker**" (Madame de Staël).

Mit Goethe und der romantischen Schule wird der alte Pantheismus, der sich in der mittelalterlichen Kultur erhalten konnte, wiederbelebt. Diese neue Naturphilosophie, die mit ihrer ideenbelebten und durchgötterten Natur aufkam, sagte dem deutschen Geiste so sehr zu und so wurde der Pantheis-

mus die verborgene Religion Deutschlands, denn Deutschland ist der gedeihlichste Boden, ein heiliger Acker des Herrn.

Aus der Aufklärung wurde der Sozialismus und mit **Marx**, ebenfalls einem Deutschen, kam die größte Utopie eines besseren Lebens in die Welt. Ein System ward geschaffen, nur fehle der „neue Mensch", um dieses zu bewohnen.

Mit **Friedensreich Hundertwasser** und seiner Philosophie von den weichen Formen und dem ökologischen bauen, ja mit **Joseph Beuys** und seiner Wärmeplastik und allen 68ern wehte die Verheißung vom Friedensreich erneut in die Welt und die „neue Zeit" begann. Denn das Zeitalter des Wassermannes hielt seinen Einzug in die Träume der Aufrechten und der außerparlamentarischen Opposition. Aus den so sensibel-kritischen Geistern Deutschlands erwuchs die innerparlamentarische Regierung und erwachsen geworden bereiteten auch sie den Weg ins Paradies.

Die Verheißung ist ausgesprochen über Deutschland und viel Gutes ist hier schon getan. Sollte aus dem Saulus nicht ein Paulus werden, aus der Finsternis des Dritten Reiches ein Licht für alle Völker? **„An den deutschen Spesen soll die Dritte Welt genesen"**, so nützen wir unseren natürlichen Größenwahn, um die ganze Welt zu erfreuen.

Und stehen wir zu unserem pantheistischen Erbe, in dem alle Dinge nach einem höheren Grade der **Göttlichkeit** streben, in dem der Weg von der Göttlichkeit einer Blechdose zu der eines meisterhaften Bilderrahmens oder gar eines **Kronjuwels** noch ein sehr weiter ist. Unsere alltäglichen Dinge, unsere Autos und besonders unsere Architektur müssen sich auf den Weg der Vergöttlichung machen, um die Anwesenheit Gottes in der Materie (Kultur) zu ermöglichen und zu erhöhen. Ist die Kultur vergöttlicht, zum Beispiel in einer wunderschönen klassischen Villa, so kann der Zorn Gottes (Islam) nicht über dieses Haus oder diese Kultur kommen, da Gott nicht Gott bekämpft.

Nur so, durch eine wunderschöne und vollkommen friedfertig der Schöpfung gegenüber gewordene **Kultur** und einer Gerechtigkeit allen Völkern gegenüber (die Armen und Hungernden) können wir uns vor Angriffen islamischer Fundamentalisten und dem Islam schützen. Nur so steigen wir um, von dem zum Untergang geweihten Babylon in eine heilige, gerechte, göttlich durchdrungene und wunderschöne Welt handgefertigter Kunstprodukte, einem **neoromantischen Idyll** der Humanität, in dem mittelalterliche Poesie und Kunst mit einem tiefen und gesunden Glauben sich vermählt und darum in Deutschland Frieden herrscht statt Untergang.

Doch vielleicht geschieht es erst danach, wenn unser dunkelster Fleck, das Ruhrgebiet, zu einem Garten aufersteht und im Umkreis von ichweißnichtwievielen Kilometern die Natur sich wieder holt, was ihr so lang verboten war. Wir werden das Friedensreich in Wehen erfassen und für Augenblicke scheint es schon da zu sein. Dann erhebe Dich, oh Deutsch-

land, und bete für Deine Bestimmung im Völkermeer und werde ein heiliges Reich verinnerlichter Religiösität und guter Werke. Werde ein Gottesreich und eine blühende Monarchie.

Oh, Deutschland, Du mein Friedensreich, mein süßes Wintermärchen.

Im Sachsenwald

Golden glitzert das Wasser im See
Das Jahr ist noch frisch wie die Knospen im Baum.
Die Trübsal verschwand mit dem eisigen Schnee
Die Zukunft gewiß nur ein seltsamer Traum.

Doch leuchtend die Sonne durch Äste sich bahnt
und für uns die Märchen der Zukunft noch plant.
Es blinkt durch die Bäume ein glitzernder Schein
es werden wohl Elfen beim Frühlingstanz sein.

Wenn ihr schweigend im Walde vertrauensvoll lauscht
werdet bald von Legenden und Sagen berauscht.

Von Rittersvolk und Burgjungfern,
von Nymphen und von Feen,
die lange schon ein Menschenkind
bei uns hier nicht gesehn.

In allem durchschwängert ist hier die Natur
von einem freundlichen Gotte.
Wir erneuern den alten und ewigen Schwur
allem Unglauben und Frevel zum Spotte.
Vergangenheit weht in unsere Zeit
die Erde ist hier für Neues bereit.

Ein gotischer König durchreitet den Wald
und ist mehr noch als eintausend Jahre alt.
Gefolgt von den Prinzen und höfischem Staat
singt er ein Lied, die Stimme so zart.

Ein Lied fast vergessen so würdig und alt
vom Friedensreich Deutschland,
es komme wohl bald.

Und lärmt noch der Tyrannen Maschinengewalt
die Bauten so häßlich, die Menschen so kalt
erhebt sich ein Drache in furchtbarer Pracht
schleudert Deutschland zur Erde und beendet die Nacht.

Die Türme, sie fallen und Nationen vergehn
geschlachtet wird heute das goldene Kalb
Wir können den Zorn unseres Gottes verstehn
Tyrannen verschwinden wie ein traumhafter Alp.

Die Natur holt sich wieder, was lange verloren
wir haben ihr ewige Treue geschworen
und erfreuen uns heiter am Friedensland,
das ich in einem Walde fand.

Im Sachsenwald an der Bismarckquelle
schrieb ich dies Gedicht ganz auf die Schnelle.

Mir schien, als wäre der Friede so nah
als wären schon die Elfen und Könige da.
Als wären der Ritter und seine holdselige Maid
so freundlich zugegen und all ihre Zeit.

Von Glückseligkeit und Wundern durchdrungen
die Welten erscheinen so klar
von fahrenden Rittern und Feen besungen
der Friede, der Friede ist nah.

Im Sachsenwald, 02.02.2002

Das letzte Fazit

Nun, am Ende dieses Buches, möchte ich das Wesentliche zusammenfassen und noch einiges Informatives hinzufügen. Durch die jüngst erschienenen Filme wie „Harry Potter", „Herr der Ringe", „Nebel von Avalon", „Shreck", „Das zehnte Königreich" und anderen bricht gerade ein Fantasy-Fieber aus. Hollywood leitet ein neues Zeitalter ein. Der Untergang der modernen Hochkultur steht bevor, welcher durch „Independence Day", „Armageddon", „Deep Impact" und „Titanic" ja so schön beschworen wurde. Bald wird es Wirklichkeit.

Nicht mehr lange müssen die Fans der Fantasy und des Mittelalters warten, um in eine Welt voller Abenteuer, wilder Romantik und eines neuen Glaubens an Mirakel und Wunder einzutauchen und die tausendjährigen Spiele zu proben. Nicht mehr lange, und die Gegenwart wird Vergangenheit und nicht mehr gefunden. In einigen Jahren wird uns das 13. Jahrhundert mit seinen Drachenkämpfen und Kreuzzügen, mit seiner romantischen Mode und seinen höfischen Gesten vertrauter sein als die Welt des 20. Jahrhunderts. Ein neues Jahrtausend hat begonnen, wir gehen auf die Reise in eine neue Zeit.

Der Osten des Ostens wird in Deutschland sicher sein. Lateinamerika und Skandinavien werden die vom Krieg am wenigsten betroffenen und angenehmsten Orte sein, um die Endzeit zu überstehen. Berlin wird zum Mittelpunkt der westlichen überlebenden Welt avancieren. Es empfiehlt sich also, seinen Wohnort zu überdenken und eventuell in eine

sicherere Gegend zu ziehen. Viele Millionen werden sterben, der Himmel wird offen sein, um eine müde gewordene Menschheit in Empfang zu nehmen, mit dem ewigen Leben zu erlösen und zu krönen.

„Der Tod ist ehrwürdig als Wiege des Lebens, als Mutterschoß der Erneuerung" **(Thomas Mann)**, viele werden sanft entschlafen. So bereitet sich die Mutter Erde auf das tausendjährige Friedensreich vor. Da in jedem Falle das Reich Gottes (sei es der Himmel, sei es die Erde) uns so nahe ist, empfiehlt es sich, seinen ewigen Platz zu suchen und im großen Angebot der fünf Weltreligionen seinen eigenen Weg zu finden. Wenn man sich Gott als König seines Reiches vorstellt, dann sind

die Buddhisten er selbst,

die Hinduisten seine Liebhaber/-innen,

die Christen die königlichen Prinzen und Prinzessinnen,

der Islam seine Diener im Palaste und

die Juden sein Volk, das sich für seine Herrlichkeit und Weltgeschichte interessiert und seine großen Hallen bestaunt. So mögen wir frei wählen oder uns berufen lassen, um teilzunehmen an den ewigen Glückseligkeiten der göttlichen Monarchie. Durch diese interreligiöse Sichtweise können wir die anderen verstehen, sie achten und uns einig werden, um uns als neutrale Gläubige aller Religionen dem Krieg und der Gewalt zu enthalten und den **Frieden** unter uns beispielhaft durch Toleranz zu bewahren. Wir sind weder auf der Seite Babylons (dem Industriellen, dem Untergang geweihten, westlichen Imperium), noch auf der Seite des Drachen (seinem Vollstrecker), sondern wir bleiben **neutral** auf der Seite des Friedens und der Nächstenliebe. So können wir die **Friedensbewegung** anführen und zeigen, wie das Kommende

sein wird.

Auch sollten wir den Panzer der Gerechtigkeit (Epheser 6.14) anlegen, persönlich und als Nation, um uns vor Angriffen des Drachen zu schützen. Wir können persönlich durch gute Werke einen Schutz errichten und als Nation durch eine gerechte Kultur (das Mittelalter oder die darauf folgenden Epochen, Manufakturen statt Fabriken, Naturschutz und Entwicklungshilfe) den Zorn Gottes von uns abwenden. **„Denn wo in jener Zeit die Menschen in meiner Ordnung leben werden, dort wird kein letztes Gericht zum Vorscheinen kommen."** (Jakob Lorber)[1]

Amerika hat beim Klimagipfel in Kyoto 2000 durch seinen Boykott des Klimaschutzes seinen ohnehin dürftigen Panzer abgelegt und wurde damit verwundbar. So konnte das Unglück vom 11. September geschehen. Amerika hat den Zorn des Höchsten auf sich geladen und wurde mit seinem Schwert (Islam) bestraft.

Vielleicht ist das **Mitleid** als Christus- und Buddha-Eigenschaft der geeignete spirituelle Weg für uns, um durch Spenden und humanes karitatives Engagement spirituell und emotional zu reifen und in Frieden mit Gott und der Natur in das Ewige einzugehen. Wer viel gibt, wird in Ewigkeit auch viel empfangen! Und vielleicht sollten wir die direkte Demokratie einführen, um so per Volksentscheid auch die Steuern in eine karitative Richtung zu lenken und allerlei Gutes zu bewirken. So erfüllt sich das Ideal der **französischen Revolution** und die politische Geschichte nimmt noch ein gutes Ende.

Ich hoffe, Sie haben die etwas schwere Kost dieses Buches gut verdaut und als Anregung empfunden, um positiv diese nach Veränderung ächzende Welt mitzugestalten. Vieles wird

anders werden, Neues wird vergehen und Altes wiederkehren und doch werden die ewigen Werte immer die gleichen sein. So schwer die kommende Zeit auch sein mag, wir werden daran reifen und vorbereitet werden auf tausend glückselige Jahre im bald kommenden Friedensreich, das vielleicht in Deutschland beginnen wird, zu leben und dabei zu sein, wenn der Messias wiederkommt und die Herrschaft des Krieges, des Bösen, des Leides und des Todes für immer vernichtet.

So entlasse ich Sie, liebe Leser, in eine Welt, die nicht bleibt wie sie ist und darum noch viel Schönes und Spannendes zu bieten hat. Ich freue mich trotz allem auf diese Zeit und hole schon einmal mein schönes Kostüm aus dem Schrank für die Feste des Mittelalters, das nun bald beginnt. Vielleicht, so Gott will, wird Deutschland ja bald eine Monarchie!

So dann, mit königlichem Gruße und Shalom
Jakob der 18.

Der Kronprinz von Mozart

Der Weltenfrühling

Der Weltenfrühling bricht herein.
Ganz leise lockt sich Traumesschaum
ins Schlafgemach der Ewigkeit
und schäumend spült der Göttertraum
in Zeit und Raum.

Zuerst den Sehenden geoffenbart
nun auch dem Bürger sich gepaart.
Durch Medienwerk und Druckerstaub
die Tinte nun geflossen
das Dunkle ist wie Zucker taub
die Samen sind gesprossen.
In jedem Blick Erkenntnis ruht
wir waren einmal des Bösen Brut
doch gereinigt und geläutert
das Pferd noch nicht gescheut hat.
Die Weide will sich grünen
wir uns mit Mutter Erde hier versühnen
- der Weltenfrühling bricht herein.

Des Dichters Worte nicht verzagen
wir ihn wohl einmal im Museum fragen
wo kommen wir her, wo gehen wir hin
das sei der meinige Lohngewinn
wenn ihr Erkenntnis habet
Euch reich an grünen Zeichen habt gelabet
und Euch ein JA gegeben ist.

So nun mit Hoffnung grünt voran
das Reich kommt bald, nicht irgendwann

Quellenangabe

1. Jakob Lorber, Die Wiederkunft Christi, Lorber-Verlag

2. Neue-Welt-Übersetzung der Heiligen Schrift, revidiert 1986

3. Nostradamus, Prophezeiungen bis 2050, Cormoran

4. Kim Knott, Der Hinduismus, Reclam

5. Christus, Krishto, Krishna, BBT

6. A.C. Bhaktivedanta Swami Prabhupada, Bhagavad-Gita, The Bhaktivedanta Book Trust

7. Damien Keown, Der Buddhismus, Reclam

8. Volker H.M. Zotz, Maitreya, Kontemplation über den Buddha der Zukunft, Gauke

9. Der Koran, Heyne

10. Adel Th. Khoury, Islam kurz gefasst, Knecht

11. Norman Solomon, Judentum, Reclam

12. Gerhard Maier, Er wird kommen, R. Brockhaus

13. Sadhu Sundar Singh, Gesammelte Schriften, Christliches Verlagshaus

14. Gerold Dommermuth-Gudrich, 50 Klassiker Mythen, Gerstenberg

15. Macho, Moser, Subik, Ästhetik, Reclam

16. Harlan, Rappmann, Schata, Soziale Plastik, Achberger

17. Heinrich Heine, Werke in fünf Bänden, Band 3, Könemann

Herzlichen Dank an alle Rabbis, Brahmanen, Imamen, Theologen und Tibetologen, die ihre Weisheit mit mir teilten.

Der Autor studiert(e) an der
Hochschule für bildende Künste (HfbK) Lerchenfeld
und an der von Joseph Beuys gegründeten
„Freien Internationalen Hochschule für Kunst und inter-
disziplinäre Forschung" (FIU/Forschungsstätte für eine
gesamtgesellschaftliche Alternative), Friedensallee, Hamburg

*Originale Portraits und Gemälde
von Jakob dem 18.*

Besuchen Sie unsere Gemäldegalerie
www.new-royal-art.de